DE LA OSCURIDAD AL DOMINIO: 40 días para liberarse de las garras ocultas de la oscuridad

Un devocional global de conciencia, liberación y poder

Para individuos, familias y naciones listas para ser libres

Por

Zacharias Godseagle ; Embajador Monday O. Ogbe y Comfort Ladi Ogbe

Zacharias Godseagle; Ambassador Monday O. Ogbe and Comfort Ladi Ogbe

Tabla de Contenido

Acerca del libro – DE LA OSCURIDAD AL DOMINIO 1
Texto de la contraportada 3
Promoción de medios de un párrafo (prensa, correo electrónico y anuncio) 4
   Dedicación 6
   Expresiones de gratitud 7
   Al lector 8
   Cómo utilizar este libro 10
   Prefacio 13
   Prefacio 15
   Introducción 16
   CAPÍTULO 1: ORÍGENES DEL REINO OSCURO 19
   CAPÍTULO 2: CÓMO OPERA EL REINO OSCURO HOY 22
   CAPÍTULO 3: PUNTOS DE ENTRADA – CÓMO LA GENTE SE ENGANCHA 25
   CAPÍTULO 4: MANIFESTACIONES – DE LA POSESIÓN A LA OBSESIÓN 27
   CAPÍTULO 5: EL PODER DE LA PALABRA – LA AUTORIDAD DE LOS CREYENTES 29
   DÍA 1: LINAJES Y PUERTAS — ROMPIENDO CADENAS FAMILIARES 32
   DÍA 2: INVASIONES DE ENSUEÑO — CUANDO LA NOCHE SE CONVIERTE EN CAMPO DE BATALLA 35
   DÍA 3: ESPOSOS ESPIRITUALES: UNIONES IMPERDIBLES QUE UNEN DESTINOS 38
   DÍA 4: OBJETOS MALDITOS – PUERTAS QUE CONFRONTAN 41
   DÍA 5: ENCANTADOS Y ENGAÑADOS — LIBERÁNDOSE DEL ESPÍRITU DE ADIVINACIÓN 44
   DÍA 6: PUERTAS DEL OJO – CERRANDO PORTALES DE OSCURIDAD 47
   DÍA 7: EL PODER DETRÁS DE LOS NOMBRES — RENUNCIAR A LAS IDENTIDADES IMPROSAS 50

DÍA 8: DESENMASCARANDO LA FALSA LUZ: TRAMPAS DE LA NUEVA ERA Y ENGAÑOS ANGÉLICOS 53

DÍA 9: EL ALTAR DE LA SANGRE — PACTOS QUE EXIGEN UNA VIDA 56

DÍA 10: ESTERILIDAD Y QUEBRANTÍA — CUANDO EL ÚTERO SE CONVIERTE EN UN CAMPO DE BATALLA 59

DÍA 11: TRASTORNOS AUTOINMUNES Y FATIGA CRÓNICA: LA GUERRA INVISIBLE INTERIOR 62

DÍA 12: EPILEPSIA Y TORMENTO MENTAL — CUANDO LA MENTE SE CONVIERTE EN UN CAMPO DE BATALLA 65

DÍA 13: ESPÍRITU DE MIEDO — ROMPIENDO LA JAULA DEL TORMENTO INVISIBLE 68

DÍA 14: MARCAS SATÁNICAS — BORRANDO LA MARCA IMPÍA 71

DÍA 15: EL REINO DEL ESPEJO — ESCAPANDO DE LA PRISIÓN DE LOS REFLEJOS 74

DÍA 16: ROMPIENDO EL VÍNCULO DE LAS MALDICIONES DE LAS PALABRAS — RECUPERANDO TU NOMBRE, TU FUTURO . 77

DÍA 17: LIBERACIÓN DEL CONTROL Y LA MANIPULACIÓN 81

DÍA 18: ROMPIENDO EL PODER DE LA FALTA DE PERDÓN Y LA AMARGURA 84

DÍA 19: SANACIÓN DE LA VERGÜENZA Y LA CONDENACIÓN 87

DÍA 20: BRUJERÍA DOMÉSTICA — CUANDO LA OSCURIDAD VIVE BAJO EL MISMO TECHO 90

DÍA 21: EL ESPÍRITU DE JEZABEL: SEDUCCIÓN, CONTROL Y MANIPULACIÓN RELIGIOSA 93

DÍA 22: PITONES Y ORACIONES — ROMPIENDO EL ESPÍRITU DE CONSTRICCIÓN 97

DÍA 23: TRONOS DE INIQUIDAD — DERRIBANDO FORTALEZAS TERRITORIALES 100

DÍA 24: FRAGMENTOS DEL ALMA — CUANDO FALTAN PARTES DE TI 103

DÍA 25: LA MALDICIÓN DE LOS NIÑOS EXTRAÑOS — CUANDO LOS DESTINOS SE INTERCAMBIAN AL NACER 106

DÍA 26: ALTARES DE PODER OCULTOS — LIBERÁNDOSE DE LOS PACTOS OCULTOS DE LA ÉLITE 110

DÍA 27: ALIANZAS IMPROCAS — MASONERÍA, ILLUMINATI E INFILTRACIÓN ESPIRITUAL 113

DÍA 28: KÁBALA, REDES ENERGÉTICAS Y LA ATRACCIÓN DE LA "LUZ" MÍSTICA 116

DÍA 29: EL VELO DE LOS ILLUMINATI — DESENMASCARANDO LAS REDES OCULTAS DE LA ÉLITE 119

DÍA 30: LAS ESCUELAS DE MISTERIOS — SECRETOS ANTIGUOS, ESCLAVITUD MODERNA 122

DÍA 31: KÁBALA, GEOMETRÍA SAGRADA Y ENGAÑO DE LA LUZ DE ÉLITE 126

DÍA 3 2: EL ESPÍRITU DE LA SERPIENTE INTERIOR — CUANDO LA LIBERACIÓN LLEGA DEMASIADO TARDE 130

DÍA 33: EL ESPÍRITU DE LA SERPIENTE INTERIOR — CUANDO LA LIBERACIÓN LLEGA DEMASIADO TARDE 134

DÍA 34: MASONES, CÓDIGOS Y MALDICIONES — Cuando la Hermandad se Convierte en Esclavitud 138

DÍA 35: BRUJAS EN LAS BANCAS — CUANDO EL MAL ENTRA POR LAS PUERTAS DE LA IGLESIA 142

DÍA 36: HECHIZOS CODIFICADOS — CUANDO LAS CANCIONES, LA MODA Y LAS PELÍCULAS SE CONVIERTEN EN PORTALES 146

DÍA 37: LOS ALTARES INVISIBLES DEL PODER — MASONES, CÁBALA Y ÉLITES OCULTAS 150

DÍA 38: PACTOS DEL ÚTERO Y REINOS DEL AGUA — CUANDO EL DESTINO SE CONTAMINA ANTES DEL NACIMIENTO 154

DÍA 39: BAUTIZADOS EN AGUA EN ESCLAVITUD — CÓMO LOS BEBÉS, LAS INICIALES Y LOS PACTOS INVISIBLES ABREN PUERTAS 158

DÍA 40: DE ENTREGADO A LIBERADOR — TU DOLOR ES TU ORDENACIÓN 162

DECLARACIÓN DIARIA DE 360° DE LIBERACIÓN Y DOMINIO – Parte 1 165
DECLARACIÓN DIARIA DE 360° DE LIBERACIÓN Y DOMINIO – Parte 2 167
DECLARACIÓN DIARIA DE 360° DE LIBERACIÓN Y DOMINIO - Parte 3 171
CONCLUSIÓN: DE LA SUPERVIVENCIA A LA FILIACIÓN: MANTENERSE LIBRE, VIVIR LIBRE, LIBERAR A LOS DEMÁS 175
   Cómo nacer de nuevo y comenzar una nueva vida con Cristo 178
   Mi momento de salvación 180
   Certificado de Nueva Vida en Cristo 181
   CONÉCTATE CON LOS MINISTERIOS ÁGUILA DE DIOS 182
   LIBROS Y RECURSOS RECOMENDADOS 184
   APÉNDICE 1: Oración para discernir brujería oculta, prácticas ocultas o altares extraños en la iglesia 198
   APÉNDICE 2: Protocolo de Renuncia y Limpieza de los Medios 199
   APÉNDICE 3: Francmasonería, Cábala, Kundalini, Brujería, Guión de Renuncia Oculta 200
   APÉNDICE 4: Guía de activación del aceite de unción 201
   APÉNDICE 6: Recursos en video con testimonios para el crecimiento espiritual 202
   ADVERTENCIA FINAL: No puedes jugar con esto 203

Página de derechos de autor

DE LA OSCURIDAD AL DOMINIO: 40 días para liberarse de las garras ocultas de la oscuridad: un devocional global de conciencia, liberación y poder

Por Zacharias Godseagle , Comfort Ladi Ogbe y el embajador Monday O. Ogbe

Copyright © 2025 por **Zacharias Godseagle y God's Eagle Ministrie** s – GEM

Todos los derechos reservados.

Ninguna parte de esta publicación puede ser reproducida, almacenada en un sistema de recuperación o transmitida en ninguna forma ni por ningún medio (electrónico, mecánico, fotocopia, grabación, escaneo o de otro tipo) sin el permiso previo por escrito de los editores, excepto en el caso de citas breves incluidas en artículos críticos o reseñas.

Este libro es una obra de no ficción y ficción devocional. Se han cambiado algunos nombres y datos de identificación por motivos de privacidad cuando ha sido necesario.

Las citas bíblicas se toman de:

- *Nueva Traducción Viviente (NTV)* , © 1996, 2004, 2015 de la Fundación Tyndale House. Usada con permiso. Todos los derechos reservados.

Diseño de portada por GEM TEAM
Disposición interior por GEM TEAM
Publicado por:
Zacharias Godseagle y Ministerios Águila de Dios – GEM
www.otakada.org [1] | ambassador@otakada.org
Primera edición, 2025
Impreso en Estados Unidos de América

1. http://www.otakada.org

Acerca del libro – DE LA OSCURIDAD AL DOMINIO

DE LA OSCURIDAD AL DOMINIO: 40 días para liberarse de las garras ocultas de la oscuridad - *Un devocional global de conciencia, liberación y poder - Para individuos, familias y naciones listas para ser libres*
No es sólo un devocional; es un encuentro de liberación global de 40 días para **presidentes, primeros ministros, pastores, trabajadores de la iglesia, directores ejecutivos, padres, adolescentes y todo creyente** que se niega a vivir en una derrota silenciosa.

Este poderoso devocional de 40 días aborda *la guerra espiritual, la liberación de los altares ancestrales, la ruptura de los lazos del alma, la exposición ocultista y testimonios globales de ex brujas, ex satanistas* y aquellos que han vencido los poderes de las tinieblas.

Ya sea que esté **liderando un país**, **pastoreando una iglesia**, **dirigiendo un negocio** o **luchando por su familia en el armario de oración**, este libro expondrá lo que ha estado oculto, confrontará lo que ha sido ignorado y le dará poder para liberarse.

Un devocional global de 40 días de consciencia, liberación y poder
En estas páginas encontrarás:

- Maldiciones de linaje y pactos ancestrales
- Esposas espirituales, espíritus marinos y manipulación astral
- Masonería, Cábala, despertares de kundalini y altares de brujería
- Dedicaciones de niños, iniciaciones prenatales y porteadores demoníacos
- Infiltración mediática, trauma sexual y fragmentación del alma
- Sociedades secretas, IA demoníacas y falsos movimientos de avivamiento

Cada día incluye:
- *Una historia real o un patrón global*
- *Una perspectiva basada en las Escrituras*
- *Aplicaciones grupales y personales*
- *Oración de liberación + diario de reflexión*

Este libro es para ti si eres:

- Un **presidente o un responsable político** que busca claridad espiritual y protección para su nación.
- Un **pastor, intercesor o trabajador de la iglesia** que lucha contra fuerzas invisibles que resisten el crecimiento y la pureza.
- Un **director ejecutivo o líder empresarial** que enfrenta una guerra y un sabotaje inexplicables
- Un **adolescente o estudiante** plagado de sueños, tormentos o sucesos extraños.
- Un **padre o cuidador** que nota patrones espirituales en su linaje
- Un **líder cristiano** cansado de ciclos de oración interminables sin ningún avance
- O simplemente un **creyente dispuesto a pasar de la supervivencia al dominio victorioso.**

¿Por qué este libro?

Porque en tiempos en que la oscuridad se disfraza de luz, **la liberación ya no es opcional**.

Y **el poder pertenece a los informados, los equipados y los entregados**.

Escrito por **Zacharias Godseagle**, el embajador **Monday O. Ogbe y Comfort Ladi Ogbe**, esto es más que sólo enseñar: es un **llamado de atención global** para que la Iglesia, la familia y las naciones se levanten y luchen, no con miedo, sino con **sabiduría y autoridad**.

No puedes discipular lo que no has entregado. Y no puedes caminar en dominio hasta que te liberes de las garras de la oscuridad.

Rompe los ciclos. Enfrenta lo oculto. Recupera tu destino, un día a la vez.

Texto de la contraportada

DE LA OSCURIDAD AL DOMINIO
40 días para liberarse de las garras ocultas de la oscuridad
Un devocional global de conciencia, liberación y poder

¿Es usted **presidente**, **pastor**, **padre** o **creyente que ora** y está desesperado por lograr una libertad duradera y un avance?

Esto no es solo un devocional. Es un viaje global de 40 días a través de los campos de batalla invisibles de los **pactos ancestrales, la esclavitud oculta, los espíritus marinos, la fragmentación del alma, la infiltración mediática y más**. Cada día revela testimonios reales, manifestaciones globales y estrategias prácticas de liberación.

Descubrirás:

- Cómo se abren las puertas espirituales y cómo cerrarlas
- Las raíces ocultas del retraso, el tormento y la esclavitud repetidos
- Oraciones diarias poderosas, reflexiones y aplicaciones grupales.
- Cómo entrar en **dominio**, no solo en liberación

Desde **los altares de brujería** en África hasta **el engaño de la nueva era** en América del Norte... desde **las sociedades secretas** en Europa hasta **los pactos de sangre** en América Latina, **este libro lo expone todo**.

DE LA OSCURIDAD AL DOMINIO es su hoja de ruta hacia la libertad, escrita para **pastores, líderes, familias, adolescentes, profesionales, directores ejecutivos** y cualquier persona cansada de pasar por guerras sin obtener victoria.

No puedes discipular lo que no has entregado. Y no puedes vivir en dominio hasta que te liberes de las garras de la oscuridad.

Promoción de medios de un párrafo (prensa, correo electrónico y anuncio)

DE LA OSCURIDAD AL DOMINIO: 40 Días para Liberarse de las Ataduras Ocultas de la Oscuridad es un devocional global que expone cómo el enemigo se infiltra en vidas, familias y naciones mediante altares, linajes, sociedades secretas, rituales ocultistas y transiciones cotidianas. Con historias de todos los continentes y estrategias de liberación probadas en batalla, este libro es para presidentes y pastores, directores ejecutivos y adolescentes, amas de casa y guerreros espirituales: para cualquiera que anhele una libertad duradera. No es solo para leer, es para romper cadenas.

Etiquetas sugeridas

- devocional de liberación
- guerra espiritual
- testimonios de ex ocultistas
- oración y ayuno
- rompiendo maldiciones generacionales
- libertad de la oscuridad
- autoridad espiritual cristiana
- espíritus marinos
- engaño kundalini
- sociedades secretas expuestas
- Liberación de 40 días

Hashtags para campañas
#DeLaOscuridadAlDominio
#DevocionalDeLiberación
#RompeLasCadenas

#LibertadPorCristo
#DespertarGlobal
#BatallasOcultasExpuestas
#OraParaLiberarte
#LibroDeGuerraEspiritual
#DeLaOscuridadALaLuz
#AutoridadDelReino
#NoMásEsclavitud
#TestimoniosExOcultos
#AdvertenciaKundalini
#EspíritusMarinosExpuestos
#40DíasDeLibertad

Dedicación

A aquel que nos llamó de las tinieblas a su luz admirable, **Jesucristo**, nuestro Libertador, Portador de luz y Rey de gloria.

Para cada alma que clama en silencio, atrapada por cadenas invisibles, atormentada por sueños, atormentada por voces y luchando contra la oscuridad en lugares donde nadie la ve, este viaje es para ti.

A los **pastores**, **intercesores** y **centinelas en el muro**,

a las **madres** que oran durante la noche y a los **padres** que se niegan a darse por vencidos,

al **niño** que ve demasiado y a la **niña** marcada por el mal demasiado pronto,

a los **directores ejecutivos**, **presidentes** y **tomadores de decisiones** que llevan pesos invisibles detrás del poder público,

al **trabajador de la iglesia** que lucha con la esclavitud secreta y al **guerrero espiritual** que se atreve a contraatacar:

este es su llamado a levantarse.

Y a los valientes que compartieron sus historias, gracias. Sus cicatrices ahora liberan a otros.

Que este devocional ilumine un camino a través de las sombras y conduzca a muchos al dominio, la sanación y el fuego sagrado.

No estás olvidado. No eres impotente. Naciste para la libertad.

— *Zacharias Godseagle, Embajador Monday O. Ogbe y Comfort Ladi Ogbe*

Expresiones de gratitud

Ante todo, reconocemos **a Dios Todopoderoso —Padre, Hijo y Espíritu Santo—**, Autor de la Luz y la Verdad, quien nos abrió los ojos a las batallas invisibles que se libran tras puertas cerradas, velos, púlpitos y plataformas. A Jesucristo, nuestro Libertador y Rey, damos toda la gloria.

A los valientes hombres y mujeres de todo el mundo que compartieron sus historias de tormento, triunfo y transformación: su valentía ha desatado una ola global de libertad. Gracias por romper el silencio.

A los ministerios y centinelas que han trabajado en lugares ocultos —enseñando, intercediendo, liberando y discerniendo—, honramos su persistencia. Su obediencia continúa derribando fortalezas y desenmascarando el engaño en las altas esferas.

A nuestras familias, compañeros de oración y equipos de apoyo que nos acompañaron mientras cavábamos entre los escombros espirituales para descubrir la verdad, gracias por su fe inquebrantable y su paciencia.

A los investigadores, a los testimonios de YouTube, a los denunciantes y a los guerreros del reino que exponen la oscuridad a través de sus plataformas: su audacia ha alimentado este trabajo con conocimiento, revelación y urgencia.

Al **Cuerpo de Cristo**: este libro también es suyo. Que despierte en ustedes una santa determinación de ser vigilantes, perspicaces y valientes. No escribimos como expertos, sino como testigos. No somos jueces, sino redimidos.

Y finalmente, a los **lectores de este devocional** —buscadores, guerreros, pastores, ministros de liberación, sobrevivientes y amantes de la verdad de todas las naciones— que cada página les dé poder para avanzar . **De la oscuridad al dominio** .

— **Zacharias Godseagle**

— **Embajador Monday O. Ogbe**

— **Comfort Ladi Ogbe**

Al lector

Esto no es solo un libro. Es un llamado.

Un llamado a descubrir lo que ha permanecido oculto por mucho tiempo: a confrontar las fuerzas invisibles que moldean generaciones, sistemas y almas. Ya seas un **joven buscador**, un **pastor desgastado por batallas que no puedes nombrar**, un **líder empresarial que lucha contra terrores nocturnos** o un **jefe de estado que enfrenta una oscuridad nacional implacable**, este devocional es tu **guía para salir de las sombras**.

Para el **individuo**: No estás loco. Lo que sientes —en tus sueños, tu entorno, tu linaje— puede ser espiritual. Dios no es solo un sanador; es un libertador.

Para la **familia**: Este viaje de 40 días le ayudará a identificar patrones que han atormentado durante mucho tiempo su linaje (adicciones, muertes prematuras, divorcios, esterilidad, tormento mental, pobreza repentina) y le brindará las herramientas para romperlos.

A **los líderes y pastores de la iglesia**: Que esto les despierte un discernimiento más profundo y la valentía de confrontar el reino espiritual desde el púlpito, no solo desde el podio. La liberación no es opcional. Es parte de la Gran Comisión.

A **los directores ejecutivos, emprendedores y profesionales**: Los pactos espirituales también operan en las salas de juntas. Dediquen su negocio a Dios. Derriben altares ancestrales disfrazados de suerte empresarial, pactos de sangre o favores masónicos. Construyan con manos limpias.

A los **vigilantes e intercesores**: Su vigilancia no ha sido en vano. Este recurso es un arma en sus manos — para su ciudad, su región, su nación.

A **los presidentes y primeros ministros**, si esto llega a sus escritorios: Las naciones no se rigen solo por políticas. Se rigen por altares, erigidos en secreto o en público. Hasta que se aborden los fundamentos ocultos, la paz seguirá siendo esquiva. Que este devocional los impulse hacia una reforma generacional.

Para el **joven** que lee esto en un momento de desesperación: Dios te ve. Él te eligió. Y te está rescatando para siempre.

Este es tu viaje. Un día a la vez. Una cadena a la vez.

De la oscuridad al dominio: es tu momento.

Cómo utilizar este libro

DE LA OSCURIDAD AL DOMINIO: 40 Días para Liberarse de las Ataduras Ocultas de la Oscuridad es más que un devocional: es un manual de liberación, una desintoxicación espiritual y un entrenamiento de guerra. Ya sea que lo leas solo, en grupo, en una iglesia o como líder que guía a otros, aquí te explicamos cómo aprovechar al máximo este poderoso viaje de 40 días:

Ritmo diario

Cada día sigue una estructura consistente para ayudarte a involucrar espíritu, alma y cuerpo:

- **Enseñanza Devocional Principal** – Un tema revelador que expone la oscuridad oculta.
- **Contexto global** : cómo se manifiesta esta fortaleza alrededor del mundo.
- **Historias de la vida real** : Encuentros reales de liberación de diferentes culturas.
- **Plan de Acción** – Ejercicios espirituales personales, renuncia o declaraciones.
- **Aplicación grupal** : para usar en grupos pequeños, familias, iglesias o equipos de liberación.
- **Idea clave** : una conclusión resumida para recordar y rezar.
- **Diario de Reflexión** – Preguntas del corazón para procesar cada verdad profundamente.
- **Oración de liberación** : Oración de guerra espiritual dirigida a romper fortalezas.

Lo que necesitarás

- Tu **Biblia**
- Un **diario o cuaderno dedicado**
- **Aceite de unción** (opcional pero poderoso durante las oraciones)
- Disposición a **ayunar y orar** según la guía del Espíritu.
- **Socio responsable o equipo de oración** para casos más profundos

Cómo utilizarlo con grupos o iglesias

- Reunirse **diariamente o semanalmente** para discutir ideas y dirigir oraciones juntos.
- Anime a los miembros a completar el **Diario de reflexión** antes de las sesiones grupales.
- Utilice la sección **de Aplicaciones grupales** para iniciar discusiones, confesiones o momentos de liberación corporativa.
- Designar líderes capacitados para manejar manifestaciones más intensas.

Para pastores, líderes y ministros de liberación

- Enseñe los temas diarios desde el púlpito o en escuelas de entrenamiento de liberación.
- Equipe a su equipo para utilizar este devocional como guía de consejería.
- Personalice las secciones según sea necesario para el mapeo espiritual, reuniones de avivamiento o campañas de oración en la ciudad.

Apéndices para explorar

Al final del libro, encontrará poderosos recursos adicionales, incluidos:

1. **Declaración diaria de liberación total** : diga esto en voz alta cada mañana y cada noche.
2. **Guía de renuncia a los medios** : Desintoxica tu vida de la contaminación espiritual del entretenimiento.
3. **Oración para discernir altares ocultos en las iglesias** – Para intercesores y trabajadores de la iglesia.

4. **Guión de renuncia sobre masonería, cábala, kundalini y ocultismo** : poderosas oraciones de arrepentimiento.
5. **Lista de verificación para liberación masiva** : úsela en cruzadas, confraternidades domésticas o retiros personales.
6. **Enlaces a videos de testimonios**

Prefacio

Hay una guerra —invisible e implícita, pero ferozmente real— que se libra sobre las almas de hombres, mujeres, niños, familias, comunidades y naciones.

Este libro no nació de la teoría, sino del fuego. De salas de liberación llenas de lágrimas. De testimonios susurrados en las sombras y proclamados a gritos. De un estudio profundo, de la intercesión global y de una santa frustración con el cristianismo superficial que no logra abordar las **raíces de la oscuridad** que aún enreda a los creyentes.

Demasiadas personas han llegado a la cruz, pero aún arrastran cadenas. Demasiados pastores predican libertad mientras, en secreto, los atormentan demonios de lujuria, miedo o pactos ancestrales. Demasiadas familias están atrapadas en ciclos —de pobreza, perversión, adicción, esterilidad, vergüenza— y **no saben por qué**. Y demasiadas iglesias evitan hablar de demonios, brujería, altares de sangre o liberación porque es demasiado intenso.

Pero Jesús no evitó la oscuridad, sino que **la confrontó**.

No ignoró a los demonios, sino que **los expulsó**.

Y no murió solo para perdonarte, sino para **liberarte**.

Este devocional global de 40 días no es un estudio bíblico informal. Es una **sala de operaciones espiritual**. Un diario de libertad. Una guía para quienes se sienten atrapados entre la salvación y la verdadera libertad. Ya seas un adolescente atado por la pornografía, una primera dama atormentada por sueños de serpientes, un primer ministro atormentado por la culpa ancestral, un profeta que esconde una atadura secreta o un niño que despierta de sueños demoníacos, este viaje es para ti.

Encontrarás historias de todo el mundo —África, Asia, Europa, América del Norte y del Sur— que confirman una verdad: **el diablo no hace acepción**

de personas. Pero Dios tampoco. Y lo que Él ha hecho por otros, puede hacerlo por ti.

Este libro está escrito para:

- **Personas** que buscan la liberación personal
- **Familias** que necesitan sanación generacional
- **Pastores** y obreros de la iglesia que necesitan equipamiento
- **Líderes empresariales** que navegan en una guerra espiritual en las altas esferas
- **Las naciones** claman por un verdadero avivamiento
- **Jóvenes** que sin saberlo han abierto puertas
- **Ministros de liberación** que necesitan estructura y estrategia
- E incluso **aquellos que no creen en demonios**, hasta que lean su propia historia en estas páginas

Serás desafiado. Te sentirás desafiado. Pero si permaneces en el camino, también serás **transformado**.

No solo te liberarás.

Caminarás **en dominio**.

Vamos a empezar.

— *Zacharias Godseagle, Embajador Monday O. Ogbe y Comfort Ladi Ogbe*

Prefacio

Hay una agitación en las naciones. Un temblor en el reino espiritual. Desde los púlpitos hasta los parlamentos, desde las salas de estar hasta las iglesias clandestinas, la gente de todas partes está despertando a una verdad escalofriante: hemos subestimado el alcance del enemigo y hemos malinterpretado la autoridad que tenemos en Cristo.

De la Oscuridad al Dominio no es solo un devocional; es un llamado a la acción. Un manual profético. Un salvavidas para los atormentados, los atados y el creyente sincero que se pregunta: "¿Por qué sigo encadenado?".

Como alguien que ha presenciado avivamientos y liberación en diferentes naciones, sé de primera mano que a la Iglesia no le falta conocimiento; nos falta **conciencia espiritual**, **valentía** y **disciplina**. Esta obra cierra esa brecha. Entreteje testimonios globales, verdades contundentes, acciones prácticas y el poder de la cruz en una jornada de 40 días que sacudirá el polvo de las vidas dormidas y encenderá el fuego en los cansados.

Para el pastor que se atreve a confrontar altares, para el joven adulto que lucha silenciosamente contra sueños demoníacos, para el dueño de negocio enredado en pactos invisibles y para el líder que sabe que algo está *mal espiritualmente* pero no puede nombrarlo, este libro es para usted.

Te insto a no leerlo pasivamente. Deja que cada página provoque tu espíritu. Deja que cada historia genere guerra. Deja que cada declaración te prepare para hablar con fuego. Y cuando hayas recorrido estos 40 días, no solo celebres tu libertad; conviértete en un vehículo para la libertad de los demás.

Porque el verdadero dominio no es sólo escapar de la oscuridad...

Es dar la vuelta y arrastrar a otros hacia la luz.

En la autoridad y el poder de Cristo,
Embajador Ogbe

Introducción

DE LA OSCURIDAD AL DOMINIO: 40 días para liberarse de las garras ocultas de la oscuridad no es simplemente otro devocional, es un llamado de atención global.

En todo el mundo, desde aldeas rurales hasta palacios presidenciales, desde altares de iglesias hasta salas de juntas, hombres y mujeres claman por libertad. No solo salvación. **Liberación. Claridad. Avance. Plenitud. Paz. Poder.**

Pero aquí está la verdad: No puedes rechazar lo que toleras. No puedes liberarte de lo que no puedes ver. Este libro es tu luz en esa oscuridad.

Durante 40 días, caminarás a través de enseñanzas, historias, testimonios y acciones estratégicas que exponen las operaciones ocultas de la oscuridad y te capacitarán para vencer: espíritu, alma y cuerpo.

Ya seas pastor, director ejecutivo, misionero, intercesor, adolescente, madre o jefe de estado, el contenido de este libro te confrontará. No para avergonzarte, sino para liberarte y prepararte para guiar a otros hacia la libertad.

Este es un **devocional global de concientización, liberación y poder,** arraigado en las Escrituras, agudizado por relatos de la vida real y empapado en la sangre de Jesús.

Cómo utilizar este devocional

1. **Comienza con los 5 Capítulos Fundamentales**
   . Estos capítulos sientan las bases. No te los saltes. Te ayudarán a comprender la arquitectura espiritual de la oscuridad y la autoridad que te ha sido otorgada para superarla.
2. **Recorra cada día intencionalmente**
   Cada entrada diaria incluye un tema central, manifestaciones globales, una historia real, escrituras, un plan de acción, ideas de aplicación grupal, ideas clave, indicaciones para el diario y una oración poderosa.

3. **Cierra cada día con la Declaración Diaria de 360°.**
   Esta poderosa declaración, que se encuentra al final de este libro, está diseñada para reforzar tu libertad y proteger tus puertas espirituales.
4. **Úselo solo o en grupos**
   Ya sea que esté pasando por esto individualmente o en grupo, en una comunidad hogareña, en un equipo de intercesión o en un ministerio de liberación, permita que el Espíritu Santo guíe el ritmo y personalice el plan de batalla.
5. **Espera oposición, y**
   una resistencia decisiva llegará. Pero también llegará la libertad. La liberación es un proceso, y Jesús se compromete a acompañarte en él.

CAPÍTULOS FUNDACIONALES (Leer antes del día 1)

1. Orígenes del Reino Oscuro

Desde la rebelión de Lucifer hasta el surgimiento de jerarquías demoníacas y espíritus territoriales, este capítulo traza la historia bíblica y espiritual de la oscuridad. Comprender su origen ayuda a reconocer cómo opera.

2. Cómo opera el Reino Oscuro hoy

Desde pactos y sacrificios de sangre hasta altares, espíritus marinos e infiltración tecnológica, este capítulo descubre las caras modernas de los espíritus antiguos, incluyendo cómo los medios, las tendencias e incluso la religión pueden servir como camuflaje.

3. Puntos de entrada: cómo la gente se vuelve adicta

Nadie nace en cautiverio por accidente. Este capítulo examina puertas como el trauma, los altares ancestrales, la exposición a la brujería, los lazos del alma, la curiosidad oculta, la masonería, la falsa espiritualidad y las prácticas culturales.

4. Manifestaciones: De la posesión a la obsesión

¿Cómo se manifiesta la esclavitud? Desde pesadillas hasta retrasos matrimoniales, infertilidad, adicción, ira e incluso la "risa santa", este capítulo revela cómo los demonios se disfrazan de problemas, dones o personalidades.

5. El poder de la Palabra: Autoridad de los creyentes

Antes de comenzar la guerra de 40 días, debes comprender tus derechos legales en Cristo. Este capítulo te proporciona leyes espirituales, armas de guerra, protocolos bíblicos y el lenguaje de la liberación.

UN ÚLTIMO ÁNIMO ANTES DE COMENZAR

Dios no te llama a *controlar* la oscuridad.

Te llama a **dominarla** .

No con fuerza, ni con poder, sino con su Espíritu.

Que estos próximos 40 días sean más que un devocional.

Que sean un funeral por cada altar que una vez te controló… y una coronación al destino que Dios decretó para ti.

Tu viaje de dominio comienza ahora.

CAPÍTULO 1: ORÍGENES DEL REINO OSCURO

"*Porque no tenemos lucha contra sangre y carne, sino contra principados, contra potestades, contra los gobernadores de las tinieblas de este siglo, contra huestes espirituales de maldad en las regiones celestes.*" — Efesios 6:12

Mucho antes de que la humanidad entrara en el escenario del tiempo, una guerra invisible estalló en los cielos. No fue una guerra de espadas ni armas, sino de rebelión: una alta traición contra la santidad y la autoridad del Dios Altísimo . La Biblia revela este misterio a través de varios pasajes que insinúan la caída de uno de los ángeles más hermosos de Dios —Lucifer **,** el resplandeciente—, quien se atrevió a exaltarse por encima del trono de Dios (Isaías 14:12-15; Ezequiel 28:12-17).

Esta rebelión cósmica dio origen al **Reino Oscuro** , un reino de resistencia espiritual y engaño, formado por ángeles caídos (ahora demonios), principados y poderes alineados contra la voluntad de Dios y su pueblo.

La caída y la formación de la oscuridad

LUCIFER NO SIEMPRE fue malvado. Fue creado perfecto en sabiduría y belleza. Pero el orgullo se apoderó de su corazón, y el orgullo se convirtió en rebelión. Engañó a una tercera parte de los ángeles del cielo para que lo siguieran (Apocalipsis 12:4), y fueron expulsados del cielo. Su odio hacia la humanidad tiene su raíz en los celos, porque la humanidad fue creada a imagen de Dios y recibió dominio.

Así comenzó la guerra entre el **Reino de la Luz** y el **Reino de las Oscuridades** , un conflicto invisible que afecta a cada alma, cada hogar y cada nación.

La expresión global del Reino Oscuro

AUNQUE INVISIBLE, LA influencia de este reino oscuro está profundamente arraigada en:

- **Tradiciones culturales** (culto ancestral, sacrificios de sangre, sociedades secretas)
- **Entretenimiento** (mensajes subliminales, música y espectáculos ocultistas)
- **Gobernanza** (corrupción, pactos de sangre, juramentos)
- **Tecnología** (herramientas para la adicción, el control, la manipulación mental)
- **Educación** (humanismo, relativismo, falsa ilustración)

Desde el juju africano hasta el misticismo occidental de la nueva era, desde el culto a los genios de Oriente Medio hasta el chamanismo sudamericano, las formas difieren pero el **espíritu es el mismo** : engaño, dominación y destrucción.

Por qué este libro es importante ahora

EL MAYOR TRUCO DE SATANÁS es hacer creer a la gente que no existe o, peor aún, que sus caminos son inofensivos.

Este devocional es un **manual de inteligencia espiritual** que levanta el velo, expone sus planes y capacita a los creyentes de todos los continentes para:

- **Reconocer** puntos de entrada
- **Renunciar** a los pactos ocultos
- **Resistir** con autoridad
- **Recuperar** lo robado

Naciste en una batalla

ESTE NO ES UN DEVOCIONAL para los débiles. Naciste en un campo de batalla, no en un patio de recreo. Pero la buena noticia es: ¡ **Jesús ya ganó la guerra!**

"Despojó a los principados y a las potestades, y los expuso públicamente, triunfando sobre ellos en Él." — Colosenses 2:15

No eres una víctima. Eres más que vencedor por medio de Cristo. Expongamos la oscuridad y caminemos con valentía hacia la luz.

Visión clave

El origen de la oscuridad es el orgullo, la rebelión y el rechazo del gobierno de Dios. Estas mismas semillas aún operan en los corazones de las personas y los sistemas hoy en día. Para comprender la guerra espiritual, primero debemos comprender cómo comenzó la rebelión.

Diario de reflexión

- ¿He descartado la guerra espiritual como superstición?
- ¿Qué prácticas culturales o familiares he normalizado que puedan estar vinculadas a una rebelión antigua?
- ¿Entiendo realmente la guerra en la que nací?

Oración de Iluminación

Padre Celestial, revélame las raíces ocultas de la rebelión que me rodea y me rodea. Expone las mentiras de la oscuridad que quizás haya abrazado sin darme cuenta. Que tu verdad brille en cada rincón sombrío. Elijo el Reino de la Luz. Elijo caminar en la verdad, el poder y la libertad. En el nombre de Jesús. Amén.

CAPÍTULO 2: CÓMO OPERA EL REINO OSCURO HOY

"Para que Satanás no gane ventaja alguna sobre nosotros, pues no ignoramos sus maquinaciones." — 2 Corintios 2:11

El reino de las tinieblas no opera al azar. Es una infraestructura espiritual bien organizada y de múltiples capas que refleja una estrategia militar. Su objetivo: infiltrarse, manipular, controlar y, en última instancia, destruir. Así como el Reino de Dios tiene rango y orden (apóstoles, profetas, etc.), también lo tiene el reino de las tinieblas, con principados, potestades, gobernadores de las tinieblas y huestes espirituales de maldad en las regiones celestes (Efesios 6:12).

El Reino Oscuro no es un mito. No es folclore ni superstición religiosa. Es una red invisible pero real de agentes espirituales que manipulan sistemas, personas e incluso iglesias para cumplir los planes de Satanás. Aunque muchos imaginan horcas y cuernos rojos, la verdadera operación de este reino es mucho más sutil, sistemática y siniestra.

1. El engaño es su moneda

El enemigo negocia con mentiras. Desde el Jardín del Edén (Génesis 3) hasta las filosofías actuales, las tácticas de Satanás siempre han girado en torno a sembrar dudas en la Palabra de Dios. Hoy, el engaño se manifiesta en forma de:

- *Enseñanzas de la Nueva Era disfrazadas de iluminación*
- *Prácticas ocultas enmascaradas como orgullo cultural*
- *La brujería se glorifica en la música, las películas, los dibujos animados y las tendencias de las redes sociales.*

La gente, sin saberlo, participa en rituales o consume medios que abren puertas espirituales sin discernimiento.

2. Estructura jerárquica del mal

Así como el Reino de Dios tiene orden, el reino oscuro opera bajo una jerarquía definida:

- **Principados** – Espíritus territoriales que influyen en las naciones y los gobiernos
- **Poderes** – Agentes que imponen la maldad a través de sistemas demoníacos.
- **Gobernantes de las Tinieblas** – Coordinadores de la ceguera espiritual, la idolatría y la religión falsa
- **Maldad espiritual en las altas esferas** : entidades de élite que influyen en la cultura, la riqueza y la tecnología a nivel mundial.

Cada demonio se especializa en ciertas tareas: miedo, adicción, perversión sexual, confusión, orgullo, división.

3. Herramientas de control cultural

El diablo ya no necesita aparecer físicamente. La cultura ahora se encarga del trabajo pesado. Sus estrategias actuales incluyen:

- **Mensajes subliminales:** Música, espectáculos, anuncios llenos de símbolos ocultos y mensajes invertidos.
- **Desensibilización:** Exposición repetida al pecado (violencia, desnudez, blasfemias) hasta que se vuelva "normal".
- **Técnicas de control mental:** A través de la hipnosis mediática, la manipulación emocional y los algoritmos adictivos.

Esto no es casual. Son estrategias diseñadas para debilitar las convicciones morales, destruir familias y redefinir la verdad.

4. Acuerdos generacionales y linajes

A través de sueños, rituales, dedicatorias o pactos ancestrales, muchas personas se alinean con la oscuridad sin saberlo. Satanás se aprovecha de:

- Altares familiares e ídolos ancestrales
- Ceremonias de nombramiento invocando espíritus
- Pecados o maldiciones familiares secretas transmitidas de generación

en generación

Estas abren bases legales para la aflicción hasta que el pacto sea roto por la sangre de Jesús.

5. Falsos milagros, falsos profetas

El Reino Oscuro ama la religión, especialmente si carece de verdad y poder. Falsos profetas, espíritus seductores y milagros falsos engañan a las masas.

"Porque el mismo Satanás se disfraza de ángel de luz." — 2 Corintios 11:14

Muchos hoy siguen voces que les hacen cosquillas en los oídos pero les atan el alma.

Visión clave

El diablo no siempre habla alto; a veces susurra mediante acuerdos. La mejor táctica del Reino Oscuro es convencer a la gente de que es libre, mientras que está sutilmente esclavizada.

Diario de reflexión:

- ¿Dónde ha visto usted estas operaciones en su comunidad o nación?
- ¿Existen programas, música, aplicaciones o rituales que hayas normalizado y que en realidad puedan ser herramientas de manipulación?

Oración de Conciencia y Arrepentimiento:

Señor Jesús, abre mis ojos para ver las operaciones del enemigo. Expone cada mentira que he creído. Perdóname por cada puerta que he abierto, consciente o inconscientemente. Rompo mi pacto con la oscuridad y elijo tu verdad, tu poder y tu libertad. En el nombre de Jesús. Amén.

CAPÍTULO 3: PUNTOS DE ENTRADA – CÓMO LA GENTE SE ENGANCHA

"*No den cabida al diablo.*" — Efesios 4:27

En cada cultura, generación y hogar, existen aberturas ocultas, portales por donde penetra la oscuridad espiritual. Estos puntos de entrada pueden parecer inofensivos al principio: un juego de la infancia, un ritual familiar, un libro, una película, un trauma sin resolver. Pero una vez abiertos, se convierten en terreno legal para la influencia demoníaca.

Puntos de entrada comunes

1. **Pactos de linaje** : juramentos ancestrales, rituales e idolatría que transmiten acceso a espíritus malignos.
2. **Exposición temprana a lo oculto** : como en la historia de *Lourdes Valdivia* de Bolivia, los niños expuestos a la brujería, el espiritismo o los rituales ocultistas a menudo se ven comprometidos espiritualmente.
3. **Medios y música** : las canciones y películas que glorifican la oscuridad, la sensualidad o la rebelión pueden invitar sutilmente a la influencia espiritual.
4. **Trauma y abuso** : el abuso sexual, el trauma violento o el rechazo pueden abrir el alma a espíritus opresores.
5. **Pecado sexual y lazos del alma** : Las uniones sexuales ilícitas a menudo crean lazos espirituales y transferencia de espíritus.
6. **Nueva Era y Religión Falsa** – Los cristales, el yoga, los guías espirituales, los horóscopos y la "brujería blanca" son invitaciones veladas.
7. **Amargura y falta de perdón** : Estas dan a los espíritus demoníacos un derecho legal para atormentar (ver Mateo 18:34).

Testimonio global destacado: *Lourdes Valdivia (Bolivia)*

Con tan solo 7 años, Lourdes conoció la brujería gracias a su madre, una ocultista de larga trayectoria. Su casa estaba llena de símbolos, huesos de cementerios y libros de magia. Experimentó proyecciones astrales, voces y tormento antes de finalmente encontrar a Jesús y ser liberada. Su historia es una entre muchas, y demuestra cómo la exposición temprana y la influencia generacional abren las puertas a la esclavitud espiritual.

Referencia de Greater Exploits:

Historias de cómo personas abrieron puertas sin saberlo a través de actividades "inofensivas", solo para quedar atrapadas en la oscuridad, se pueden encontrar en *Greater Exploits 14* y *Delivered from the Power of Darkness* (Ver apéndice) .

Visión clave

El enemigo rara vez irrumpe. Espera a que se abra una puerta. Lo que parece inocente, heredado o entretenido a veces puede ser precisamente la puerta que el enemigo necesita.

Diario de reflexión

- ¿Qué momentos de mi vida pueden haber servido como puntos de entrada espiritual?
- ¿Existen tradiciones u objetos "inofensivos" de los que debo desprenderme?
- ¿Necesito renunciar a algo de mi pasado o de mi línea familiar?

Oración de Renuncia

Padre, cierro toda puerta que yo o mis antepasados hayamos abierto a la oscuridad. Renuncio a todo acuerdo, atadura del alma y exposición a cualquier cosa impura. Rompo toda cadena por la sangre de Jesús. Declaro que mi cuerpo, alma y espíritu pertenecen solo a Cristo. En el nombre de Jesús. Amén.

CAPÍTULO 4: MANIFESTACIONES – DE LA POSESIÓN A LA OBSESIÓN

Cuando un espíritu impuro sale de una persona, recorre lugares áridos buscando descanso y no lo encuentra. Entonces dice: "Volveré a la casa de donde salí". — Mateo 12:43

Una vez que una persona cae bajo la influencia del reino oscuro, las manifestaciones varían según el nivel de acceso demoníaco concedido. El enemigo espiritual no se conforma con la visita; su objetivo final es la morada y el dominio.

Niveles de manifestación

1. **Influencia** – El enemigo gana influencia a través de pensamientos, emociones y decisiones.
2. **Opresión** : Hay presión externa, pesadez, confusión y tormento.
3. **Obsesión** : La persona se obsesiona con pensamientos oscuros o comportamientos compulsivos.
4. **Posesión** – En casos raros pero reales, los demonios toman residencia y anulan la voluntad, la voz o el cuerpo de una persona.

El grado de manifestación suele estar relacionado con la profundidad del compromiso espiritual.

Estudios de casos globales de manifestación

- **África:** Casos de marido/mujer espiritual, locura y servidumbre ritual.
- **Europa:** Hipnosis de nueva era, proyección astral y fragmentación mental.
- **Asia:** Lazos del alma ancestrales, trampas de reencarnación y votos de

linaje.
- **Sudamérica:** Chamanismo, guías espirituales, adicción a la lectura psíquica.
- **América del Norte:** Brujería en los medios de comunicación, horóscopos "inofensivos", puertas de entrada a sustancias.
- **Oriente Medio:** Encuentros con djinns, juramentos de sangre y falsificaciones proféticas.

Cada continente presenta su disfraz único del mismo sistema demoníaco, y los creyentes deben aprender a reconocer las señales.

Síntomas comunes de actividad demoníaca

- Pesadillas recurrentes o parálisis del sueño
- Voces o tormento mental
- Pecado compulsivo y reincidencia repetida
- Enfermedades inexplicables, miedo o rabia
- Fuerza o conocimiento sobrenatural
- Aversión repentina a las cosas espirituales

Visión clave

Lo que llamamos problemas "mentales", "emocionales" o "médicos" a veces puede ser espiritual. No siempre, pero con la suficiente frecuencia como para que el discernimiento sea crucial.

Diario de reflexión

- ¿He notado luchas repetitivas que parecen de naturaleza espiritual?
- ¿Existen patrones generacionales de destrucción en mi familia?
- ¿Qué tipo de medios, música o relaciones estoy permitiendo que entren en mi vida?

Oración de Renuncia

Señor Jesús, renuncio a todo acuerdo oculto, puerta abierta y pacto impío en mi vida. Rompo lazos con todo lo que no sea tuyo, consciente o inconscientemente. Invito al fuego del Espíritu Santo a consumir todo rastro de oscuridad en mi vida. Libérame por completo. En tu poderoso nombre. Amén.

CAPÍTULO 5: EL PODER DE LA PALABRA – LA AUTORIDAD DE LOS CREYENTES

"*He aquí os doy poder para hollar serpientes y escorpiones, y sobre toda fuerza del enemigo, y nada os dañará.*" — Lucas 10:19 (RVR1960)

Muchos creyentes viven con temor a la oscuridad porque no comprenden la luz que portan. Sin embargo, las Escrituras revelan que la **Palabra de Dios no es solo una espada (Efesios 6:17)**, sino fuego (Jeremías 23:29), martillo, semilla y la vida misma. En la batalla entre la luz y la oscuridad, quienes conocen y declaran la Palabra nunca son víctimas.

¿Qué es este poder?

El poder que poseen los creyentes es **la autoridad delegada**. Como un policía con placa, no nos basamos en nuestras propias fuerzas, sino en el **nombre de Jesús** y por medio de la Palabra de Dios. Cuando Jesús derrotó a Satanás en el desierto, no gritó, ni lloró, ni entró en pánico; simplemente dijo: «*Escrito está*».

Éste es el modelo para toda guerra espiritual.

¿Por qué muchos cristianos siguen derrotados?

1. **Ignorancia** – No saben lo que la Palabra dice acerca de su identidad.
2. **Silencio** – No declaran la Palabra de Dios sobre las situaciones.
3. **Inconsistencia** – Viven en ciclos de pecado, lo que erosiona la confianza y el acceso.

La victoria no se trata de gritar más fuerte; se trata de **creer más profundamente** y **declarar con valentía**.

Autoridad en acción – Historias globales

- **Nigeria:** Un niño atrapado en una secta fue liberado cuando su madre ungía constantemente su habitación y recitaba el Salmo 91 todas las noches.
- **Estados Unidos:** Una ex wiccana abandonó la brujería después de que un colega declarara escrituras en silencio sobre su espacio de trabajo todos los días durante meses.
- **India:** Un creyente declaró Isaías 54:17 mientras enfrentaba constantes ataques de magia negra; los ataques cesaron y el atacante confesó.
- **Brasil:** Una mujer usó declaraciones diarias de Romanos 8 sobre sus pensamientos suicidas y comenzó a caminar en paz sobrenatural.

La Palabra está viva. No necesita nuestra perfección, solo nuestra fe y confesión.

Cómo usar la palabra en la guerra

1. **Memorice pasajes bíblicos** relacionados con la identidad, la victoria y la protección.
2. **Habla la Palabra en voz alta**, especialmente durante los ataques espirituales.
3. **Úselo en oración**, declarando las promesas de Dios sobre las situaciones.
4. **Ayuno + Oración** con la Palabra como ancla (Mateo 17:21).

Escrituras fundamentales para la guerra

- *2 Corintios 10:3–5* – Derribando fortalezas
- *Isaías 54:17* – Ninguna arma forjada prosperará
- *Lucas 10:19* – Poder sobre el enemigo
- *Salmo 91* – Protección divina
- *Apocalipsis 12:11* – Vencidos por la sangre y el testimonio

Visión clave

La Palabra de Dios en tu boca es tan poderosa como la Palabra en la boca de Dios, cuando se habla con fe.

Diario de reflexión

- ¿Conozco mis derechos espirituales como creyente?
- ¿Sobre qué escrituras estoy parado activamente hoy?
- ¿He permitido que el miedo o la ignorancia silencien mi autoridad?

Oración de empoderamiento

Padre, abre mis ojos a la autoridad que tengo en Cristo. Enséñame a usar tu Palabra con valentía y fe. Donde he permitido que el miedo o la ignorancia imperen, que llegue la revelación. Hoy me sostengo como hijo de Dios, armado con la Espada del Espíritu. Hablaré la Palabra. Me mantendré en victoria. No temeré al enemigo, porque mayor es el que está en mí. En el nombre de Jesús. Amén.

DÍA 1: LINAJES Y PUERTAS — ROMPIENDO CADENAS FAMILIARES

"*Nuestros padres pecaron y ya no existen, y nosotros llevamos su castigo.*" — Lamentaciones 5:7

Puede que usted sea salvo, pero su linaje aún tiene una historia, y hasta que se rompan los antiguos pactos, ellos continúan hablando.

En todos los continentes, existen altares ocultos, pactos ancestrales, votos secretos e iniquidades heredadas que permanecen activas hasta que se aborden específicamente. Lo que comenzó con los bisabuelos podría aún regir el destino de los niños de hoy.

Expresiones globales

- **África** – Dioses familiares, oráculos, brujería generacional, sacrificios de sangre.
- **Asia** – Culto a los antepasados, vínculos de reencarnación, cadenas de karma.
- **América Latina** – Santería, altares de muerte, juramentos de sangre chamánicos.
- **Europa** – Masonería, raíces paganas, pactos de linaje.
- **América del Norte** – Herencias de la nueva era, linaje masónico, objetos ocultos.

La maldición continúa hasta que alguien se levanta y dice: "¡No más!"

Un testimonio más profundo: sanación desde las raíces

Una mujer de África Occidental, tras leer *Greater Exploits 14*, se dio cuenta de que sus abortos crónicos y su tormento inexplicable estaban relacionados con la posición de su abuelo como sacerdote de un santuario. Había aceptado a Cristo hacía años, pero nunca había abordado los pactos familiares.

Tras tres días de oración y ayuno, fue inducida a destruir ciertas reliquias y a renunciar a los pactos, basándose en Gálatas 3:13. Ese mismo mes, concibió y llevó un hijo a término. Hoy, lidera a otros en el ministerio de sanidad y liberación.

Otro hombre en Latinoamérica, del libro " *Liberado del Poder de las Tinieblas"* , halló la libertad tras renunciar a una maldición masónica transmitida en secreto por su bisabuelo. Al comenzar a aplicar escrituras como Isaías 49:24-26 y a realizar oraciones de liberación, su tormento mental cesó y la paz se restableció en su hogar.

Estas historias no son coincidencias: son testimonios de la verdad en acción.

Plan de Acción – Inventario Familiar

1. Escriba todas las creencias, prácticas y afiliaciones familiares conocidas (religiosas, místicas o sociedades secretas).
2. Pídele a Dios la revelación de los altares y pactos ocultos.
3. Destruya y deseche con oración cualquier objeto vinculado a la idolatría o prácticas ocultas.
4. Ayune como se le indica y use las escrituras a continuación para abrir camino en el terreno legal:
    - *Levítico 26:40–42*
    - *Isaías 49:24–26*
    - *Gálatas 3:13*

DISCUSIÓN Y APLICACIÓN en grupo

- ¿Qué prácticas familiares comunes a menudo se pasan por alto porque se consideran inofensivas pero pueden ser espiritualmente peligrosas?
- Pida a los miembros que compartan de forma anónima (si es necesario) cualquier sueño, objeto o ciclo recurrente en su linaje.
- Oración grupal de renuncia: cada persona puede decir el nombre de la familia o el problema al que renuncia.

Herramientas del Ministerio: Traer aceite de unción. Ofrecer la Santa Cena. Dirigir al grupo en una oración de pacto de reemplazo, dedicando cada línea familiar a Cristo.

Visión clave

Nacer de nuevo salva tu espíritu. Romper los pactos familiares preserva tu destino.

Diario de reflexión

- ¿Qué hay en mi familia? ¿Qué debería dejar de hacerme?
- ¿Hay objetos, nombres o tradiciones en mi casa que debo eliminar?
- ¿Qué puertas abrieron mis antepasados que ahora necesito cerrar?

Oración de liberación

Señor Jesús, te doy gracias por tu sangre que habla mejor. Hoy renuncio a todo altar oculto, pacto familiar y atadura heredada. Rompo las cadenas de mi linaje y declaro que soy una nueva creación. Mi vida, mi familia y mi destino ahora te pertenecen solo a ti. En el nombre de Jesús. Amén.

DÍA 2: INVASIONES DE ENSUEÑO — CUANDO LA NOCHE SE CONVIERTE EN CAMPO DE BATALLA

"*Mientras los hombres dormían, vino su enemigo y sembró cizaña entre el trigo, y se fue.*" — Mateo 13:25

Para muchos, la mayor guerra espiritual no ocurre cuando están despiertos, sino cuando duermen.

Los sueños no son solo actividad cerebral aleatoria. Son portales espirituales a través de los cuales se intercambian advertencias, ataques, pactos y destinos. El enemigo usa el sueño como un campo de batalla silencioso para sembrar el miedo, la lujuria, la confusión y la demora, todo sin resistencia porque la mayoría de las personas desconocen la guerra.

Expresiones globales

- **África** – Esposas espirituales, serpientes, comer en sueños, mascaradas.
- **Asia** – Encuentros ancestrales, sueños de muerte, tormento kármico.
- **América Latina** – Demonios animalescos, sombras, parálisis del sueño.
- **América del Norte** – Proyección astral, sueños extraterrestres, repeticiones de traumas.
- **Europa** – Manifestaciones góticas, demonios sexuales (íncubos/súcubos), fragmentaciones del alma.

Si Satanás puede controlar tus sueños, puede influir en tu destino.

Testimonio – Del Terror Nocturno a la Paz

Una joven del Reino Unido envió un correo electrónico tras leer "*Ex-Satanist: The James Exchange*". Compartió cómo, durante años, había estado plagada de sueños en los que la perseguían, la mordían perros o se acostaba con desconocidos, siempre seguidos de reveses en la vida real. Sus relaciones fracasaron, las oportunidades laborales se evaporaron y se sentía constantemente agotada.

Mediante el ayuno y el estudio de pasajes bíblicos como Job 33:14-18, descubrió que Dios suele hablar a través de los sueños, pero también lo hace el enemigo. Empezó a ungir su cabeza con aceite, a rechazar los malos sueños en voz alta al despertar y a llevar un diario de sueños. Poco a poco, sus sueños se volvieron más claros y apacibles. Hoy en día, dirige un grupo de apoyo para mujeres jóvenes que sufren de ataques de sueños.

Un empresario nigeriano, tras escuchar un testimonio en YouTube, se dio cuenta de que su sueño de que le sirvieran comida todas las noches estaba relacionado con la brujería. Cada vez que aceptaba la comida en su sueño, las cosas le salían mal en su negocio. Aprendió a rechazar la comida inmediatamente en el sueño, a orar en lenguas antes de acostarse y ahora, en cambio, ve estrategias y advertencias divinas.

Plan de acción: Fortalezca sus guardias nocturnas

1. **Antes de dormir:** Lee las Escrituras en voz alta. Adora. Unge tu cabeza con aceite.
2. **Diario de sueños:** Anota todos tus sueños al despertar, sean buenos o malos. Pide la interpretación del Espíritu Santo.
3. **Rechazar y renunciar:** si el sueño implica actividad sexual, parientes muertos, comida o esclavitud, renuncie a él inmediatamente en oración.
4. **Guerra de las Escrituras:**
    - *Salmo 4:8* — Sueño tranquilo
    - *Job 33:14–18* — Dios habla a través de los sueños
    - *Mateo 13:25* — El enemigo sembrando cizaña
    - *Isaías 54:17* — No se forjará ningún arma contra ti

Solicitud de grupo

- Comparte sueños recientes de forma anónima. Deja que el grupo discierna patrones y significados.

- Enseñe a los miembros cómo rechazar verbalmente los malos sueños y sellar los buenos en oración.
- Declaración grupal: "¡Prohibimos las transacciones demoníacas en nuestros sueños, en el nombre de Jesús!"

Herramientas del Ministerio:

- Traiga papel y bolígrafos para llevar un diario de sueños.
- Demostrar cómo ungir la casa y la cama.
- Ofrecer la comunión como sello del pacto para la noche.

Visión clave

Los sueños son puertas a encuentros divinos o a trampas demoníacas. El discernimiento es clave.

Diario de reflexión

- ¿Qué tipo de sueños he experimentado consistentemente?
- ¿Me tomo tiempo para reflexionar sobre mis sueños?
- ¿Mis sueños me han estado advirtiendo sobre algo que ignoré?

Oración de la Vigilia Nocturna

Padre, te dedico mis sueños. Que ningún poder maligno se proyecte en mi sueño. Rechazo todo pacto demoníaco, impureza sexual o manipulación en mis sueños. Recibo visitación divina, instrucción celestial y protección angelical mientras duermo. Que mis noches se llenen de paz, revelación y poder. En el nombre de Jesús, amén.

DÍA 3: ESPOSOS ESPIRITUALES: UNIONES IMPERDIBLES QUE UNEN DESTINOS

"*Porque tu Hacedor es tu marido; el Señor Todopoderoso es su nombre...*" — Isaías 54:5

"*Sacrificaron a sus hijos y a sus hijas a los demonios.*" — Salmo 106:37

Mientras muchos claman por un gran avance matrimonial, lo que no se dan cuenta es que ya están en un **matrimonio espiritual**, uno al cual nunca dieron su consentimiento.

Estos son **pactos que se forman mediante sueños, abuso sexual, rituales de sangre, pornografía, juramentos ancestrales o transferencia demoníaca**. El cónyuge espiritual —íncubo (hombre) o súcubo (mujer)— adquiere derechos legales sobre el cuerpo, la intimidad y el futuro de la persona, lo que a menudo bloquea relaciones, destruye hogares, causa abortos espontáneos y alimenta adicciones.

Manifestaciones globales

- **África** – Espíritus marinos (Mami Wata), esposas/maridos espirituales de los reinos del agua.
- **Asia** – Matrimonios celestiales, maldiciones kármicas de almas gemelas, cónyuges reencarnados.
- **Europa** – Uniones de brujería, amantes demoníacos de raíces masónicas o druidas.
- **América Latina** – Matrimonios de santería, hechizos de amor, "matrimonios espirituales" basados en pactos.
- **América del Norte** – Portales espirituales inducidos por la pornografía, espíritus sexuales de la nueva era, abducciones extraterrestres como manifestaciones de encuentros con íncubos.

Historias reales: La batalla por la libertad conyugal
Tolu, Nigeria.

Tolu tenía 32 años y era soltera. Cada vez que se comprometía, el hombre desaparecía repentinamente. Soñaba constantemente con casarse en ceremonias elaboradas. En *Greater Exploits 14*, reconoció que su caso coincidía con un testimonio compartido allí. Se sometió a un ayuno de tres días y a oraciones de guerra nocturnas a medianoche, cortando los lazos del alma y expulsando al espíritu marino que la había poseído. Hoy está casada y aconseja a otros.

Lina, Filipinas.

Lina a menudo sentía una "presencia" que la acompañaba por las noches. Pensaba que era producto de su imaginación hasta que empezaron a aparecer moretones en sus piernas y muslos sin explicación. Su pastor le encontró un compañero espiritual. Confesó haber tenido un aborto y una adicción a la pornografía, y luego se liberó. Ahora ayuda a mujeres jóvenes a identificar patrones similares en su comunidad.

Plan de Acción – Rompiendo el Pacto

1. **Confesar** y arrepentirse de pecados sexuales, ataduras del alma, exposición ocultista o rituales ancestrales.
2. **Rechace** todos los matrimonios espirituales en oración, por su nombre, si es revelado.
3. **Ayuno** de 3 días (o según lo indique el Señor) con Isaías 54 y el Salmo 18 como escrituras de referencia.
4. **Destruye** objetos físicos: anillos, ropa o regalos vinculados a amantes pasados o afiliaciones ocultas.
5. **Declarar en voz alta** :

No estoy casado con ningún espíritu. Estoy en pacto con Jesucristo. ¡Rechazo toda unión demoníaca en mi cuerpo, alma y espíritu!

Herramientas de las Escrituras

- Isaías 54:4–8 – Dios como tu verdadero Esposo
- Salmo 18 – Rompiendo las ataduras de la muerte
- 1 Corintios 6:15-20 – Vuestro cuerpo pertenece al Señor

- Oseas 2:6–8 – Romper pactos impíos

Solicitud de grupo

- Pregunte a los miembros del grupo: ¿Alguna vez han tenido sueños de bodas, de sexo con extraños o de figuras sombrías durante la noche?
- Liderar un grupo de renuncia a los cónyuges espirituales.
- Representa una especie de "tribunal de divorcios en el cielo": cada participante presenta un divorcio espiritual ante Dios en oración.
- Use aceite de unción en la cabeza, el vientre y los pies como símbolos de limpieza, reproducción y movimiento.

Visión clave

Los matrimonios demoníacos son reales. Pero no hay unión espiritual que no pueda ser destruida por la sangre de Jesús.

Diario de reflexión

- ¿He tenido sueños recurrentes de matrimonio o sexo?
- ¿Existen patrones de rechazo, retraso o aborto en mi vida?
- ¿Estoy dispuesto a entregar plenamente mi cuerpo, mi sexualidad y mi futuro a Dios?

Oración de liberación

Padre Celestial, me arrepiento de todo pecado sexual, conocido o desconocido. Rechazo y renuncio a todo cónyuge espiritual, espíritu marino o matrimonio oculto que me quite la vida. Por el poder de la sangre de Jesús, rompo todo pacto, semilla de sueño y atadura del alma. Declaro que soy la Esposa de Cristo, apartada para su gloria. Camino libre, en el nombre de Jesús. Amén.

DÍA 4: OBJETOS MALDITOS – PUERTAS QUE CONFRONTAN

"*No traerás abominación a tu casa, para que no seas maldecido como ella.*" — Deuteronomio 7:26

Una entrada oculta que muchos ignoran

No todas las posesiones son solo posesiones. Algunas cosas tienen historia. Otras, espíritus. Los objetos malditos no son solo ídolos o artefactos; pueden ser libros, joyas, estatuas, símbolos, regalos, ropa o incluso reliquias heredadas que alguna vez estuvieron dedicadas a fuerzas oscuras. Lo que está en tu estantería, tu muñeca, tu pared, puede ser la puerta de entrada al tormento en tu vida.

Observaciones globales

- **África** : Calabazas, amuletos y pulseras vinculados a brujos o cultos ancestrales.
- **Asia** : Amuletos, estatuas del zodíaco y recuerdos de templos.
- **América Latina** : Collares de santería, muñecas, velas con inscripciones espirituales.
- **América del Norte** : cartas del tarot, tableros de ouija, atrapasueños, recuerdos de terror.
- **Europa** : reliquias paganas, libros ocultistas, accesorios con temática de brujas.

Una pareja en Europa sufrió una enfermedad repentina y opresión espiritual tras regresar de unas vacaciones en Bali. Sin saberlo, habían comprado una estatua tallada dedicada a una deidad marina local. Tras orar y discernir, la retiraron y la quemaron. La paz regresó de inmediato.

Otra mujer de los testimonios *de Greater Exploits* reportó pesadillas inexplicables, hasta que se reveló que un collar regalado por su tía era en realidad un dispositivo de monitoreo espiritual consagrado en un santuario.

No sólo debes limpiar tu casa físicamente; debes limpiarla también espiritualmente.

Testimonio: "La muñeca que me observaba"

Lourdes Valdivia, cuya historia de Sudamérica exploramos anteriormente, recibió una vez una muñeca de porcelana durante una celebración familiar. Su madre la había consagrado en un ritual ocultista. Desde la noche en que la llevaron a su habitación, Lourdes comenzó a oír voces, a sufrir parálisis del sueño y a ver figuras por la noche.

No fue hasta que una amiga cristiana oró con ella y el Espíritu Santo le reveló el origen de la muñeca que se deshizo de ella. Inmediatamente, la presencia demoníaca desapareció. Esto inició su despertar: de la opresión a la liberación.

Plan de Acción – Auditoría de Casa y Corazón

1. **Recorre cada habitación** de tu casa con el aceite de la unción y la Palabra.
2. **Pídele al Espíritu Santo** que resalte los objetos o dones que no son de Dios.
3. **Queme o deseche** objetos que estén vinculados con lo oculto, la idolatría o la inmoralidad.
4. **Cierre todas las puertas** con escrituras como:
    - *Deuteronomio 7:26*
    - *Hechos 19:19*
    - *2 Corintios 6:16–18*

Discusión y activación grupal

- Comparte cualquier artículo o regalo que alguna vez tuviste y que tuvo efectos inusuales en tu vida.
- Creen juntos una "Lista de verificación para la limpieza de la casa"
- Asignar a los compañeros para que oren a través del entorno hogareño de cada uno (con permiso).

- Invite a un ministro de liberación local para que dirija una oración profética de limpieza del hogar.

Herramientas para el ministerio: aceite de unción, música de adoración, bolsas de basura (para descartar cosas reales) y un contenedor ignífugo para los artículos que se van a destruir.

Visión clave
Lo que permites en tu espacio puede autorizar a los espíritus en tu vida.

Diario de reflexión

- ¿Qué objetos de mi casa o de mi armario tienen orígenes espirituales poco claros?
- ¿Me he aferrado a algo por su valor sentimental que ahora necesito dejar ir?
- ¿Estoy listo para santificar mi espacio para el Espíritu Santo?

Oración de purificación

Señor Jesús, invito a tu Espíritu Santo a exponer cualquier cosa en mi hogar que no sea de Ti. Renuncio a todo objeto, regalo o artículo maldito que estuviera ligado a la oscuridad. Declaro mi hogar tierra santa. Que tu paz y pureza moren aquí. En el nombre de Jesús. Amén.

DÍA 5: ENCANTADOS Y ENGAÑADOS — LIBERÁNDOSE DEL ESPÍRITU DE ADIVINACIÓN

"Estos hombres son siervos del Dios Altísimo, quienes nos anuncian el camino de salvación." — *Hechos 16:17 (RVR1960)*

"Pero Pablo, muy enojado, se volvió y le dijo al espíritu: "Te ordeno en el nombre de Jesucristo que salgas de ella". Y salió en esa misma hora." — *Hechos 16:18*

Hay una delgada línea entre la profecía y la adivinación, y hoy en día muchos la cruzan sin siquiera saberlo.

Desde profetas de YouTube que cobran por "palabras personales" hasta tarotistas en redes sociales que citan escrituras, el mundo se ha convertido en un mercado de ruido espiritual. Y, trágicamente, muchos creyentes, sin saberlo, beben de fuentes contaminadas.

El **espíritu de adivinación** imita al Espíritu Santo. Adula, seduce, manipula las emociones y atrapa a sus víctimas en una red de control. ¿Su objetivo? **Enredar, engañar y esclavizar espiritualmente.**

Expresiones globales de adivinación

- **África** – Oráculos, sacerdotes de Ifá, médiums espiritistas del agua, fraude profético.
- **Asia** – Quirománticos, astrólogos, videntes ancestrales, "profetas" de la reencarnación.
- **América Latina** – Profetas de la santería, hechiceros, santos con poderes oscuros.
- **Europa** – Cartas del tarot, clarividencia, círculos médiums, canalización de la Nueva Era.
- **América del Norte** – Psíquicos "cristianos", numerología en iglesias,

cartas de ángeles, guías espirituales disfrazados de Espíritu Santo.

Lo peligroso no es sólo lo que dicen sino el **espíritu** que hay detrás de ello.

Testimonio: De Clarividente a Cristo

Una mujer estadounidense testificó en YouTube cómo pasó de ser una "profetisa cristiana" a darse cuenta de que estaba bajo un espíritu de adivinación. Empezó a tener visiones con claridad, a dar palabras proféticas detalladas y a atraer grandes multitudes en línea. Pero también luchó contra la depresión, las pesadillas y oía susurros después de cada sesión.

Un día, mientras veía una enseñanza sobre *Hechos 16*, se sintió perdida. Se dio cuenta de que nunca se había sometido al Espíritu Santo, solo a su don. Tras un profundo arrepentimiento y liberación, destruyó sus tarjetas de ángeles y su diario de ayuno lleno de rituales. Hoy, predica a Jesús, ya no "palabras".

Plan de acción: Probando los espíritus

1. Pregunta: ¿Esta palabra/regalo me atrae hacia **Cristo** o hacia la **persona** que lo da?
2. Poned a prueba todo espíritu con *1 Juan 4:1–3*.
3. Arrepiéntete por cualquier involucramiento con prácticas psíquicas, ocultas o proféticas falsas.
4. Romper todos los lazos del alma con falsos profetas, adivinos o instructores de brujería (incluso en línea).
5. Declara con valentía:

Rechazo todo espíritu mentiroso. Pertenezco solo a Jesús. ¡Mis oídos están atentos a su voz!

Solicitud de grupo

- Debate: ¿Alguna vez has seguido a un profeta o guía espiritual que luego resultó falso?
- Ejercicio de grupo: Guíe a los miembros para que renuncien a prácticas específicas como la astrología, las lecturas del alma, los juegos psíquicos o las influencias espirituales que no estén arraigadas en Cristo.
- Invita al Espíritu Santo: Concédete 10 minutos de silencio y escucha.

Luego, comparte lo que Dios te revela, si es que revela algo.
- Queme o elimine elementos digitales o físicos relacionados con la adivinación, incluidos libros, aplicaciones, vídeos o notas.

Herramientas del ministerio:

Aceite de liberación, cruz (símbolo de sumisión), recipiente/balde para desechar artículos simbólicos, música de adoración centrada en el Espíritu Santo.

Visión clave

No todo lo sobrenatural proviene de Dios. La verdadera profecía surge de la intimidad con Cristo, no de la manipulación ni el espectáculo.

Diario de reflexión

- ¿Alguna vez me he sentido atraído por prácticas espirituales psíquicas o manipuladoras?
- ¿Soy más adicto a las "palabras" que a la Palabra de Dios?
- ¿A qué voces he dado acceso que ahora necesitan ser silenciadas?

ORACIÓN DE LIBERACIÓN

Padre, me desvinculo de todo espíritu de adivinación, manipulación y profecía falsa. Me arrepiento de buscar dirección fuera de tu voz. Limpia mi mente, mi alma y mi espíritu. Enséñame a vivir solo en tu Espíritu. Cierro toda puerta que abrí al ocultismo, consciente o inconscientemente. Declaro que Jesús es mi Pastor y solo escucho su voz. En el poderoso nombre de Jesús, amén.

DÍA 6: PUERTAS DEL OJO – CERRANDO PORTALES DE OSCURIDAD

El ojo es la lámpara del cuerpo. Si tus ojos están sanos, todo tu cuerpo estará lleno de luz.
— *Mateo 6:22 (NVI)*

«No pondré nada malo delante de mis ojos...» — *Salmo 101:3 (RVR1960)*

En el reino espiritual, **tus ojos son puertas.** Lo que entra por ellos afecta tu alma, ya sea por pureza o por contaminación. El enemigo lo sabe. Por eso los medios de comunicación, las imágenes, la pornografía, las películas de terror, los símbolos ocultistas, las tendencias de moda y el contenido seductor se han convertido en campos de batalla.

La guerra por tu atención es una guerra por tu alma.

Lo que muchos consideran "entretenimiento inofensivo" es a menudo una invitación codificada a la lujuria, el miedo, la manipulación, el orgullo, la vanidad, la rebelión o incluso el apego demoníaco.

Puertas globales de la oscuridad visual

- **África** – Películas rituales, temas de Nollywood que normalizan la brujería y la poligamia.
- **Asia** – Anime y manga con portales espirituales, espíritus seductores, viajes astrales.
- **Europa** – Moda gótica, películas de terror, obsesiones con vampiros, arte satánico.
- **América Latina** – Telenovelas que glorifican la brujería, las maldiciones y la venganza.
- **América del Norte** : Medios de comunicación tradicionales, vídeos musicales, pornografía, dibujos animados demoníacos "tiernos".

Aquello que miras constantemente, te vuelves insensible a ello.

Historia: "La caricatura que maldijo a mi hijo"

Una madre estadounidense notó que su hijo de 5 años empezó a gritar por la noche y a dibujar imágenes perturbadoras. Después de orar, el Espíritu Santo le mostró una caricatura que su hijo había estado viendo a escondidas, llena de hechizos, espíritus parlantes y símbolos que ella no había notado.

Borró los programas y ungió su casa y sus pantallas. Tras varias noches de oración de medianoche y el Salmo 91, los ataques cesaron y el niño volvió a dormir tranquilo. Ahora dirige un grupo de apoyo que ayuda a los padres a proteger las barreras visuales de sus hijos.

Plan de Acción – Purificando la Puerta del Ojo

1. Haz una **auditoría de medios** : ¿Qué ves? ¿Lees? ¿Desplazas la pantalla?
2. Cancela suscripciones o plataformas que alimentan tu carne en lugar de tu fe.
3. Unge tus ojos y tus pantallas, declarando el Salmo 101:3.
4. Reemplace la basura con aportes divinos: documentales, adoración, entretenimiento puro.
5. Declarar:

No pondré nada vil ante mis ojos. Mi visión pertenece a Dios.

Solicitud de grupo

- Desafío: Ayuno Eye Gate de 7 días: sin medios tóxicos ni desplazamiento inactivo.
- Compartir: ¿Qué contenidos te ha dicho el Espíritu Santo que dejes de ver?
- Ejercicio: Pon las manos sobre tus ojos y renuncia a cualquier contaminación a través de la visión (por ejemplo, pornografía, horror, vanidad).
- Actividad: Invita a los miembros a eliminar aplicaciones, grabar libros o descartar elementos que corrompen su vista.

Herramientas: Aceite de oliva, aplicaciones de responsabilidad, protectores de pantalla con las Sagradas Escrituras, tarjetas de oración Eye Gate.

Visión clave

No puedes andar con autoridad sobre los demonios si te entretienes con ellos.

Diario de reflexión

- ¿Qué le doy de comer a mis ojos que puede estar alimentando oscuridad en mi vida?
- ¿Cuándo fue la última vez que lloré por aquello que rompe el corazón de Dios?
- ¿Le he dado al Espíritu Santo control total sobre el tiempo que paso frente a la pantalla?

Oración de Pureza

Señor Jesús, pido que tu sangre me empape los ojos. Perdóname por lo que he permitido entrar a través de mis pantallas, libros e imaginación. Hoy declaro que mis ojos son para la luz, no para la oscuridad. Rechazo toda imagen, lujuria e influencia que no provenga de Ti. Purifica mi alma. Protege mi mirada. Y permíteme ver lo que Tú ves, en santidad y verdad. Amén.

DÍA 7: EL PODER DETRÁS DE LOS NOMBRES — RENUNCIAR A LAS IDENTIDADES IMPROSAS

"E invocó Jabes al Dios de Israel, diciendo: '¡Oh, si me bendijeras!...' Y Dios le concedió lo que pidió."
— *1 Crónicas 4:10*
"No te llamarás más Abram, sino Abraham..." — *Génesis 17:5*

Los nombres no son solo etiquetas, sino declaraciones espirituales. En las Escrituras, los nombres a menudo reflejaban el destino, la personalidad o incluso la esclavitud. Nombrar algo es darle identidad y dirección. El enemigo lo entiende; por eso, muchas personas, sin saberlo, están atrapadas bajo nombres dados por ignorancia, dolor o esclavitud espiritual.

Así como Dios cambió los nombres (Abram a Abraham, Jacob a Israel, Sarai a Sara), Él todavía cambia destinos al cambiar el nombre de Su pueblo.

Contextos globales de esclavitud de nombres

- **África** – Niños que reciben nombres de ancestros muertos o ídolos ("Ogbanje", "Dike", " Ifunanya ", vinculados a significados).
- **Asia** – Nombres de reencarnación vinculados a ciclos kármicos o deidades.
- **Europa** : Nombres con raíces en la herencia pagana o de brujería (por ejemplo, Freya, Thor, Merlín).
- **América Latina** – Nombres influenciados por la santería, especialmente a través de bautismos espirituales.
- **América del Norte** – Nombres tomados de la cultura pop, movimientos de rebelión o dedicatorias ancestrales.

Los nombres importan y pueden conllevar poder, bendición o esclavitud.

Historia: "¿Por qué tuve que cambiarle el nombre a mi hija?"

En *Greater Exploits 14* , una pareja nigeriana llamó a su hija "Amaka", que significa "hermosa", pero ella padecía una rara enfermedad que desconcertó a los médicos. Durante una conferencia profética, la madre recibió una revelación: el nombre lo había usado su abuela, una hechicera, cuyo espíritu ahora la reclamaba.

Le cambiaron el nombre a " Oluwatamilore " (Dios me ha bendecido), y después de ayuno y oración, la niña se recuperó por completo.

Otro caso de la India involucra a un hombre llamado "Karma", quien lidiaba con maldiciones generacionales. Tras renunciar a sus vínculos hindúes y cambiar su nombre a "Jonathan", comenzó a experimentar avances en sus finanzas y salud.

Plan de acción: Investigando su nombre

1. Investiga el significado completo de tus nombres: nombre, segundo nombre, apellido.
2. Pregúntale a tus padres o a los mayores por qué te dieron esos nombres.
3. Renuncie a los significados espirituales negativos o dedicaciones en la oración.
4. Declara tu identidad divina en Cristo:

Soy llamado por el nombre de Dios. Mi nuevo nombre está escrito en el cielo (Apocalipsis 2:17).

COMPROMISO GRUPAL

- Pregunta a los miembros: ¿Qué significa tu nombre? ¿Has tenido sueños relacionados con él?
- Haz una "oración de nombramiento", declarando proféticamente la identidad de cada persona.
- Pon las manos sobre aquellos que necesitan romper con nombres atados a pactos o ataduras ancestrales.

Herramientas: Imprima tarjetas con el significado de los nombres, traiga aceite de unción, use escrituras sobre cambios de nombres.

Visión clave

No puedes caminar con tu verdadera identidad y al mismo tiempo responder a una falsa.

Diario de reflexión

- ¿Qué significa mi nombre — espiritual y culturalmente?
- ¿Me siento alineado con mi nombre o en conflicto con él?
- ¿Con qué nombre me llama el cielo?

Oración de cambio de nombre

Padre, en el nombre de Jesús, te agradezco por darme una nueva identidad en Cristo. Rompo toda maldición, pacto o atadura demoníaca relacionada con mis nombres. Renuncio a todo nombre que no se alinee con tu voluntad. Recibo el nombre y la identidad que el cielo me ha dado, llenos de poder, propósito y pureza. En el nombre de Jesús, amén.

DÍA 8: DESENMASCARANDO LA FALSA LUZ: TRAMPAS DE LA NUEVA ERA Y ENGAÑOS ANGÉLICOS

¡Y no es de extrañar! Porque el mismo Satanás se disfraza de ángel de luz. — 2 Corintios 11:14

«Amados, no creáis a todo espíritu, sino probad los espíritus para ver si son de Dios...» — 1 Juan 4:1

No todo lo que brilla es Dios.

En el mundo actual, cada vez más personas buscan "luz", "sanación" y "energía" fuera de la Palabra de Dios. Recurren a la meditación, los altares de yoga, las activaciones del tercer ojo, las invocaciones ancestrales, las lecturas de tarot, los rituales lunares, la canalización angelical e incluso el misticismo con tintes cristianos. El engaño es fuerte porque a menudo viene acompañado de paz, belleza y poder, al principio.

Pero detrás de estos movimientos hay espíritus de adivinación, falsas profecías y antiguas deidades que usan la máscara de luz para obtener acceso legal a las almas de las personas.

Alcance global de la luz falsa

- **América del Norte** – Cristales, limpieza con salvia, ley de atracción, psíquicos, códigos de luz extraterrestre.
- **Europa** – Paganismo renombrado, culto a diosas, brujería blanca, festivales espirituales.
- **América Latina** – Santería mezclada con santos católicos y curanderos espiritistas .
- **África** – Falsificaciones proféticas que utilizan altares de ángeles y agua ritual.
- **Asia** – Chakras, yoga "iluminación", asesoramiento sobre

reencarnación, espíritus del templo.

Estas prácticas pueden ofrecer "luz" temporal, pero con el tiempo oscurecen el alma.

Testimonio: Liberación de la luz que nos engañó

De *Greater Exploits 14*, Mercy (Reino Unido) había estado asistiendo a talleres de ángeles y practicando meditación cristiana con incienso, cristales y cartas angelicales. Creía estar accediendo a la luz de Dios, pero pronto empezó a oír voces mientras dormía y a sentir un miedo inexplicable por la noche.

Su liberación comenzó cuando alguien le regaló *The Jameses Exchange*, y se dio cuenta de las similitudes entre sus experiencias y las de un exsatanista que habló de engaños angelicales. Se arrepintió, destruyó todos los objetos ocultistas y se sometió a oraciones de liberación completa.

Hoy, ella testifica con valentía contra el engaño de la Nueva Era en las iglesias y ha ayudado a otros a renunciar a caminos similares.

Plan de acción: Probando los espíritus

1. **Haga un inventario de sus prácticas y creencias**: ¿se alinean con las Escrituras o simplemente se sienten espirituales?
2. **Renuncia y destruye** todos los materiales de falsa luz: cristales, manuales de yoga, cartas de ángeles, atrapasueños, etc.
3. **Oremos el Salmo 119:105**: pídanle a Dios que Su Palabra sea su única luz.
4. **Declare la guerra a la confusión**: ate a los espíritus familiares y a la falsa revelación.

SOLICITUD DE GRUPO

- **Debate**: ¿Usted o alguien que conoce se ha sentido atraído por prácticas "espirituales" que no se centraban en Jesús?
- **Discernimiento mediante juegos de rol**: Lea extractos de dichos "espirituales" (por ejemplo, "Confía en el universo") y compárelos con las Escrituras.

- **Sesión de Unción y Liberación** : Romper altares a la falsa luz y reemplazarlos con el pacto de la *Luz del Mundo* (Juan 8:12).

Herramientas del Ministerio :

- Traiga artículos reales de la Nueva Era (o fotografías de ellos) para la enseñanza objetiva.
- Ofrecer oración de liberación contra espíritus familiares (ver Hechos 16:16-18).

Visión clave
El arma más peligrosa de Satanás no es la oscuridad, sino la luz falsa.
Diario de reflexión

- ¿He abierto puertas espirituales a través de enseñanzas "luminosas" que no tienen su base en las Escrituras?
- ¿Confío en el Espíritu Santo o en la intuición y la energía?
- ¿Estoy dispuesto a renunciar a toda forma de falsa espiritualidad por la verdad de Dios?

ORACIÓN DE RENUNCIA

Padre , me arrepiento de todas las maneras en que he entretenido o interactuado con la falsa luz. Renuncio a toda forma de Nueva Era, brujería y espiritualidad engañosa. Rompo todo lazo del alma con impostores angelicales, guías espirituales y falsas revelaciones. Recibo a Jesús, la verdadera Luz del mundo. Declaro que no seguiré otra voz que la tuya, en el nombre de Jesús. Amén.

DÍA 9: EL ALTAR DE LA SANGRE — PACTOS QUE EXIGEN UNA VIDA

"Y edificaron los lugares altos de Baal... para hacer pasar por el fuego a sus hijos y a sus hijas ante Moloc." — Jeremías 32:35

"Y ellos lo vencieron por medio de la sangre del Cordero y de la palabra del testimonio de ellos..." — Apocalipsis 12:11

Hay altares que no sólo piden tu atención: exigen tu sangre.

Desde la antigüedad hasta la actualidad, los pactos de sangre han sido una práctica fundamental del reino de las tinieblas. Algunos se realizan a sabiendas mediante brujería, abortos, sacrificios rituales o iniciaciones ocultistas. Otros se heredan mediante prácticas ancestrales o se unen sin saberlo por ignorancia espiritual.

Dondequiera que se derrama sangre inocente, ya sea en santuarios, dormitorios o salas de juntas, un altar demoníaco habla.

Estos altares cobran vidas, acortan destinos y crean un terreno legal para la aflicción demoníaca.

Altares globales de sangre

- **África** – Asesinatos rituales, rituales de dinero, sacrificios de niños, pactos de sangre al nacer.
- **Asia** – Ofrendas de sangre en el templo, maldiciones familiares a través del aborto o juramentos de guerra.
- **América Latina** – Santería: sacrificios de animales, ofrendas de sangre a los espíritus de los muertos.
- **América del Norte** – Ideología del aborto como sacramento, fraternidades demoníacas con juramentos de sangre.
- **Europa** – Antiguos ritos druidas y masones, altares de derramamiento de sangre de la época de la Segunda Guerra Mundial

aún sin arrepentimiento.

Estos pactos, a menos que se rompan, continúan cobrándose vidas, a menudo en ciclos.

Historia real: El sacrificio de un padre

En *Liberada del Poder de la Oscuridad* , una mujer de África Central descubrió durante una sesión de liberación que sus frecuentes roces con la muerte estaban relacionados con un juramento de sangre hecho por su padre. Él le había prometido la vida a cambio de riqueza tras años de infertilidad.

Tras la muerte de su padre, comenzó a ver sombras y a sufrir accidentes casi fatales cada año el día de su cumpleaños. Su gran avance se produjo cuando se sintió impulsada a declarar el Salmo 118:17 — «*No moriré, sino que viviré...*» — sobre sí misma a diario, seguido de una serie de oraciones de renuncia y ayunos. Hoy, lidera un poderoso ministerio de intercesión.

Otro relato de *Greater Exploits 14* describe a un hombre en Latinoamérica que participó en una iniciación pandillera que implicó derramamiento de sangre. Años después, incluso después de aceptar a Cristo, su vida fue un caos constante, hasta que rompió el pacto de sangre mediante un ayuno prolongado, una confesión pública y el bautismo en agua. El tormento cesó.

Plan de Acción – Silenciar los Altares de Sangre

1. **Arrepiéntete** por cualquier aborto, pacto de sangre oculto o derramamiento de sangre heredado.
2. **Renunciar** a todos los pactos de sangre conocidos y desconocidos en voz alta y diciendo su nombre.
3. **Ayuna durante 3 días** y comulga diariamente, declarando la sangre de Jesús como tu cobertura legal.
4. **Declarar en voz alta** :

Por la sangre de Jesús, rompo todo pacto de sangre hecho en mi nombre. ¡Soy redimido!

SOLICITUD DE GRUPO

- Analice la diferencia entre los lazos de sangre naturales y los pactos de sangre demoníacos.
- Utilice cinta/hilo rojo para representar altares de sangre y tijeras para cortarlos proféticamente.
- Invita a alguien que haya dado su testimonio y se haya liberado de la esclavitud ligada a la sangre.

Herramientas del Ministerio :

- Elementos de la comunión
- aceite de unción
- Declaraciones de liberación
- Si es posible, visualice el altar a la luz de las velas

Visión clave
Satanás comercia con sangre. Jesús pagó de más por tu libertad con la suya.

Diario de reflexión

- ¿He participado yo o mi familia en algo que haya implicado derramamiento de sangre o juramentos?
- ¿Hay muertes recurrentes, abortos espontáneos o patrones violentos en mi linaje?
- ¿He confiado plenamente en que la sangre de Jesús hablará más fuerte sobre mi vida?

Oración de liberación
Señor Jesús , te agradezco por tu preciosa sangre, que habla mejor que la sangre de Abel. Me arrepiento de cualquier pacto de sangre que yo o mis antepasados hayamos hecho, consciente o inconscientemente. Renuncio a ellos ahora. Declaro que estoy cubierto por la sangre del Cordero. Que todo altar demoníaco que exija mi vida sea silenciado y destrozado. Vivo porque moriste por mí. En el nombre de Jesús, amén.

DÍA 10: ESTERILIDAD Y QUEBRANTÍA — CUANDO EL ÚTERO SE CONVIERTE EN UN CAMPO DE BATALLA

"*Ninguna abortará ni será estéril en tu tierra; yo completaré el número de tus días.*" — Éxodo 23:26

"*Él da una familia a la mujer estéril, haciéndola una madre feliz. ¡Alabado sea el Señor!*" — Salmo 113:9

La infertilidad es más que un problema médico. Puede ser un bastión espiritual arraigado en profundas luchas emocionales, ancestrales e incluso territoriales.

En todas las naciones, el enemigo utiliza la esterilidad para avergonzar, aislar y destruir a mujeres y familias. Si bien algunas causas son fisiológicas, muchas son profundamente espirituales: están vinculadas a altares generacionales, maldiciones, cónyuges espirituales, destinos frustrados o heridas del alma.

Detrás de cada vientre infructuoso, el cielo guarda una promesa. Pero a menudo hay una guerra que librarse antes de la concepción: en el vientre materno y en el espíritu.

Patrones globales de esterilidad

- **África** – Vinculado a la poligamia, maldiciones ancestrales, pactos sagrados y niños espirituales.
- **Asia** – Creencias en el karma, votos de vidas pasadas, maldiciones generacionales, cultura de la vergüenza.
- **América Latina** – Cierre de útero por brujería, hechizos de envidia.
- **Europa** : dependencia excesiva de la FIV, sacrificios de niños por parte de la masonería, culpa por el aborto.
- **América del Norte** – Trauma emocional, heridas del alma, ciclos de

abortos espontáneos, medicamentos que alteran las hormonas.

HISTORIAS REALES: DE lágrimas a testimonios
María de Bolivia (Latinoamérica)

María había sufrido cinco abortos espontáneos. Cada vez, soñaba con sostener a un bebé que lloraba y, a la mañana siguiente, veía sangre. Los médicos no podían explicar su condición. Tras leer un testimonio en *Greater Exploits*, se dio cuenta de que había heredado un altar familiar de esterilidad de una abuela que había consagrado todos los vientres femeninos a una deidad local.

Ayunó y declaró el Salmo 113 durante 14 días. Su pastor la guió a romper el pacto mediante la Santa Cena. Nueve meses después, dio a luz a gemelos.

Ngozi de Nigeria (África).

Ngozi llevaba 10 años casada sin hijos. Durante las oraciones de liberación, se reveló que había estado casada en el reino espiritual con un marino. En cada ciclo de ovulación, tenía sueños sexuales. Tras una serie de oraciones de guerra de medianoche y el acto profético de quemar su anillo de bodas de una iniciación ocultista pasada, su útero se abrió.

Plan de Acción – Apertura del Útero

1. **Identifique la raíz**: ancestral, emocional, marital o médica.
2. **Arrepiéntete de los abortos pasados**, los lazos del alma, los pecados sexuales y las dedicaciones ocultas.
3. **Unge tu vientre diariamente** mientras declaras Éxodo 23:26 y Salmo 113.
4. **Ayunad 3 días** y comulgad diariamente, rechazando todos los altares atados a vuestro vientre.
5. **Habla en voz alta**:

Mi vientre está bendito. Rechazo todo pacto de esterilidad. ¡Concebiré y llevaré a término mi embarazo por el poder del Espíritu Santo!

Solicitud de grupo

- Invita a las mujeres (y parejas) a compartir las cargas de la demora en un espacio seguro y de oración.
- Use pañuelos o paños rojos atados alrededor de la cintura y luego desatados proféticamente como signo de libertad.
- Dirigir una ceremonia profética de "nombramiento": declarar por fe a los niños que aún no han nacido .
- Romper con las malas palabras, la vergüenza cultural y el odio a uno mismo en los círculos de oración.

Herramientas del Ministerio:

- Aceite de oliva (ungir úteros)
- Comunión
- Mantos/chales (que simbolizan cobertura y novedad)

Visión clave

La esterilidad no es el fin; es un llamado a la guerra, a la fe y a la restauración. La demora de Dios no es negación.

Diario de reflexión

- ¿Qué heridas emocionales o espirituales están atadas a mi útero?
- ¿He permitido que la vergüenza o la amargura reemplacen mi esperanza?
- ¿Estoy dispuesto a afrontar las causas fundamentales con fe y acción?

Oración de sanación y concepción

Padre , me afirmo en tu Palabra que dice que nadie será estéril en la tierra. Rechazo toda mentira, altar y espíritu que impide mi fecundidad. Me perdono a mí mismo y a quienes han hablado mal de mi cuerpo. Recibo sanidad, restauración y vida. Declaro mi vientre fructífero y mi gozo pleno. En el nombre de Jesús. Amén.

DÍA 11: TRASTORNOS AUTOINMUNES Y FATIGA CRÓNICA: LA GUERRA INVISIBLE INTERIOR

"*Una casa dividida contra sí misma no permanecerá.*" — Mateo 12:25
"*Él da esfuerzo a los débiles, y multiplica las fuerzas a los que no tienen ningunas.*" — Isaías 40:29

Las enfermedades autoinmunes se producen cuando el cuerpo se ataca a sí mismo, confundiendo sus propias células con enemigas. El lupus, la artritis reumatoide, la esclerosis múltiple, la enfermedad de Hashimoto y otras se incluyen en este grupo.

El síndrome de fatiga crónica (SFC), la fibromialgia y otros trastornos de agotamiento inexplicable suelen coincidir con problemas autoinmunes. Pero más allá de lo biológico, muchos de quienes los padecen cargan con traumas emocionales, heridas del alma y cargas espirituales.

El cuerpo clama a gritos, no solo por medicación, sino por paz. Muchos están en guerra interior.

Vista global

- **África** – Aumento de diagnósticos autoinmunes relacionados con traumas, contaminación y estrés.
- **Asia** – Altas tasas de trastornos de la tiroides vinculadas a la supresión ancestral y a la cultura de la vergüenza.
- **Europa y América** : Epidemia de fatiga crónica y agotamiento debido a una cultura orientada al rendimiento.
- **América Latina** – Los afectados suelen ser mal diagnosticados; sufren estigma y ataques espirituales a través de fragmentación del alma o maldiciones.

Raíces espirituales ocultas

- **Odio a uno mismo o vergüenza** : sentirse "no lo suficientemente bueno".
- **Falta de perdón hacia uno mismo o hacia los demás** : el sistema inmunológico imita la condición espiritual.
- **El duelo o la traición no procesados** abren la puerta a la fatiga del alma y al colapso físico.
- **Flechas de aflicción o celos de brujería** : utilizadas para drenar la fuerza espiritual y física.

Historias reales: batallas libradas en la oscuridad
Elena de España.

A Elena le diagnosticaron lupus tras una larga relación abusiva que la dejó emocionalmente destrozada. En terapia y oración, se reveló que había internalizado el odio, creyéndose inútil. Cuando comenzó a perdonarse a sí misma y a confrontar las heridas del alma con las Escrituras, sus brotes se redujeron drásticamente. Ella da testimonio del poder sanador de la Palabra y la purificación del alma.

James de los Estados Unidos

James, un ejecutivo corporativo ambicioso, sufrió un colapso por SFC tras 20 años de estrés constante. Durante su liberación, se reveló que una maldición generacional de esfuerzo incesante azotaba a los hombres de su familia. Entró en un tiempo de sabbat, oración y confesión, y recuperó no solo su salud, sino también su identidad.

Plan de Acción – Sanando el Alma y el Sistema Inmunitario

1. **Oremos el Salmo 103:1–5** en voz alta todas las mañanas, especialmente los versículos 3-5.
2. **Enumera tus creencias internas** : ¿qué te dices a ti mismo? Rompe las mentiras.
3. **Perdona profundamente** , especialmente a ti mismo.
4. **Tome la comunión** para restablecer el pacto corporal: vea Isaías 53.
5. **Descansa en Dios** : el sábado no es opcional, es una guerra espiritual contra el agotamiento.

Declaro que mi cuerpo no es mi enemigo. Cada célula de mí se alineará con el orden y la paz divinos. Recibo la fuerza y la sanación de Dios.

Solicitud de grupo

- Pida a los miembros que compartan patrones de fatiga o agotamiento emocional que ocultan.
- Haz un ejercicio de "vaciado del alma": escribe tus cargas y luego quémalas o entiérralas simbólicamente.
- Pon las manos sobre aquellos que sufren síntomas autoinmunes; ordena equilibrio y paz.
- Fomente un diario de siete días sobre desencadenantes emocionales y pasajes bíblicos sanadores.

Herramientas del Ministerio:

- Aceites esenciales o unción fragante para refrescarse.
- Diarios o blocs de notas
- Banda sonora de meditación del Salmo 23

Visión clave

Lo que ataca al alma a menudo se manifiesta en el cuerpo. La sanación debe fluir de adentro hacia afuera.

Diario de reflexión

- ¿Me siento seguro en mi propio cuerpo y pensamientos?
- ¿Estoy albergando vergüenza o culpa por fracasos o traumas pasados?
- ¿Qué puedo hacer para empezar a honrar el descanso y la paz como prácticas espirituales?

Oración de Restauración

Señor Jesús, Tú eres mi Sanador. Hoy rechazo toda mentira que me diga que estoy roto, sucio o condenado. Me perdono a mí mismo y a los demás. Bendigo cada célula de mi cuerpo. Recibo paz en mi alma y alineo mi sistema inmunitario. Por Tus llagas, soy sanado. Amén.

DÍA 12: EPILEPSIA Y TORMENTO MENTAL — CUANDO LA MENTE SE CONVIERTE EN UN CAMPO DE BATALLA

"*Señor, ten misericordia de mi hijo, que es lunático y padece mucho; pues muchas veces cae en el fuego y muchas en el agua.*" — Mateo 17:15

"*Dios no nos ha dado un espíritu de cobardía, sino de poder, de amor y de dominio propio.*" — 2 Timoteo 1:7

Algunas aflicciones no son sólo médicas: son campos de batalla espirituales disfrazados de enfermedad.

La epilepsia, las convulsiones, la esquizofrenia, los episodios bipolares y los patrones de tormento mental a menudo tienen raíces ocultas. Si bien la medicación tiene su lugar, el discernimiento es crucial. En muchos relatos bíblicos, las convulsiones y los ataques mentales fueron resultado de la opresión demoníaca.

La sociedad moderna medica lo que Jesús a menudo *expulsó*.

Realidad global

- **África** – Convulsiones frecuentemente atribuidas a maldiciones o espíritus ancestrales.
- **Asia** – Los epilépticos a menudo permanecen ocultos debido a la vergüenza y al estigma espiritual.
- **América Latina** – Esquizofrenia vinculada a brujería generacional o vocaciones abortadas.
- **Europa y América del Norte** : El sobrediagnóstico y la sobremedicación a menudo enmascaran causas demoníacas.

Historias reales: Liberación en el fuego
Musa del norte de Nigeria

Musa sufría de ataques epilépticos desde la infancia. Su familia lo intentó todo: desde médicos nativos hasta oraciones en la iglesia. Un día, durante un servicio de liberación, el Espíritu reveló que el abuelo de Musa lo había ofrecido en un intercambio de brujería. Tras romper el pacto y ungirlo, nunca más volvió a sufrir un ataque.

Daniel de Perú

Diagnosticado con trastorno bipolar, Daniel luchó con sueños y voces violentas. Más tarde descubrió que su padre había participado en rituales satánicos secretos en las montañas. Las oraciones de liberación y un ayuno de tres días le brindaron claridad. Las voces cesaron. Hoy, Daniel está tranquilo, restaurado y preparándose para el ministerio.

Señales a tener en cuenta

- Episodios repetidos de convulsiones sin causa neurológica conocida.
- Voces, alucinaciones, pensamientos violentos o suicidas.
- Pérdida de tiempo o de memoria, miedo inexplicable o ataques físicos durante la oración.
- Patrones familiares de locura o suicidio.

Plan de acción: Tomar la autoridad sobre la mente

1. Arrepiéntete de todos los vínculos, traumas o maldiciones ocultas conocidas.
2. Pon las manos sobre tu cabeza cada día, declarando que tienes un entendimiento sano (2 Timoteo 1:7).
3. Ayuno y oración por los espíritus que atan la mente.
4. Romper juramentos ancestrales, dedicaciones o maldiciones de linaje.
5. Si es posible, únase a un compañero de oración fuerte o a un equipo de liberación.

Rechazo todo espíritu de tormento, convulsión y confusión. Recibo dominio propio y emociones estables en el nombre de Jesús.

Ministerio y aplicación de grupos

- Identificar patrones familiares de enfermedades mentales o convulsiones.
- Oremos por los que sufren: usemos aceite de unción en la frente.
- Que los intercesores caminen por la sala proclamando: "¡Paz, enmudece!" (Marcos 4:39)
- Invita a los afectados a romper los acuerdos verbales: «No estoy loco. Estoy sano y completo».

Herramientas del Ministerio:

- aceite de unción
- Tarjetas de declaración de sanación
- Música de adoración que ministra paz e identidad.

Visión clave

No todas las aflicciones son solo físicas. Algunas tienen su origen en pactos antiguos y fundamentos legales demoníacos que deben abordarse espiritualmente.

Diario de reflexión

- ¿Alguna vez he sido atormentado en mis pensamientos o mientras dormía?
- ¿Hay traumas sin sanar o puertas espirituales que necesito cerrar?
- ¿Qué verdad puedo declarar diariamente para anclar mi mente en la Palabra de Dios?

Oración de solidez

Señor Jesús, Tú eres el Restaurador de mi mente. Renuncio a todo pacto, trauma o espíritu demoníaco que ataca mi cerebro, mis emociones y mi claridad. Recibo sanidad y dominio propio. Decreto que viviré y no moriré. Funcionaré con toda mi fuerza, en el nombre de Jesús. Amén.

DÍA 13: ESPÍRITU DE MIEDO — ROMPIENDO LA JAULA DEL TORMENTO INVISIBLE

"*Porque no nos ha dado Dios espíritu de cobardía, sino de poder, de amor y de dominio propio.*" — 2 Timoteo 1:7

"*El temor trae tormento...*" — 1 Juan 4:18

El miedo no es solo una emoción; puede ser un *espíritu*.

Susurra el fracaso antes de empezar. Amplifica el rechazo. Paraliza el propósito. Paraliza naciones.

Muchos están en prisiones invisibles construidas por el miedo: miedo a la muerte, al fracaso, a la pobreza, a la gente, a la enfermedad, a la guerra espiritual y a lo desconocido.

Detrás de muchos ataques de ansiedad, trastornos de pánico y fobias irracionales se esconde una misión espiritual enviada para **neutralizar destinos**.

Manifestaciones globales

- **África** – El miedo tiene sus raíces en maldiciones generacionales, represalias ancestrales o reacciones de brujería.
- **Asia** – Vergüenza cultural, miedo kármico, ansiedades por la reencarnación.
- **América Latina** – Miedo a las maldiciones, leyendas de pueblos y represalias espirituales.
- **Europa y América del Norte** : ansiedad oculta, trastornos diagnosticados, miedo a la confrontación, al éxito o al rechazo; a menudo de carácter espiritual, pero etiquetado como psicológico.

Historias reales – Desenmascarando el espíritu

Sarah de Canadá

Durante años, Sarah no pudo dormir en la oscuridad. Siempre sentía una presencia en la habitación. Los médicos le diagnosticaron ansiedad, pero ningún tratamiento funcionó. Durante una sesión de liberación en línea, se reveló que un miedo infantil le abrió las puertas a un espíritu atormentador a través de una pesadilla y una película de terror. Se arrepintió, renunció al miedo y le ordenó que se fuera. Ahora duerme en paz.

Uche de Nigeria

Uche fue llamado a predicar, pero cada vez que se presentaba ante la gente, se paralizaba. El miedo era antinatural: lo asfixiaba, lo paralizaba. En oración, Dios le mostró una palabra maldita, pronunciada por un maestro que se burlaba de su voz de niño. Esa palabra formó una cadena espiritual. Una vez rota, comenzó a predicar con valentía.

Plan de acción: Superar el miedo

1. **Confiesa cualquier temor por su nombre** : "Renuncio al temor de [_____] en el nombre de Jesús".
2. **Lea en voz alta el Salmo 27 e Isaías 41 diariamente.**
3. **Adoración hasta que la paz reemplace al pánico.**
4. **Evite los medios basados en el miedo: películas de terror, noticias, chismes.**
5. **Declara a diario** : «Tengo una mente sana. No soy esclavo del miedo».

Solicitud de grupo: Avance comunitario

- Pregunte a los miembros del grupo: ¿Qué miedo te ha paralizado más?
- Divídanse en grupos pequeños y dirijan oraciones de **renuncia** y **reemplazo** (por ejemplo, miedo → audacia, ansiedad → confianza).
- Pida a cada persona que escriba un miedo y lo queme como acto profético.
- Usen *aceite de unción* y *confesiones bíblicas* unos sobre otros.

Herramientas del Ministerio:

- aceite de unción
- Tarjetas de declaración de las Escrituras
- Canción de adoración: "No Longer Slaves" de Bethel

Visión clave
El miedo tolerado **contamina la fe**.
No puedes ser audaz y temeroso al mismo tiempo: elige la audacia.
Diario de reflexión

- ¿Qué miedo ha permanecido conmigo desde la infancia?
- ¿Cómo ha afectado el miedo mis decisiones, mi salud o mis relaciones?
- ¿Qué haría diferente si fuera completamente libre?

Oración para liberarse del miedo

Padre, renuncio al espíritu del miedo. Cierro toda puerta que, por trauma, palabras o pecado, le haya dado acceso. Recibo el Espíritu de poder, amor y dominio propio. Declaro valentía, paz y victoria en el nombre de Jesús. El miedo ya no tiene cabida en mi vida. Amén.

DÍA 14: MARCAS SATÁNICAS — BORRANDO LA MARCA IMPÍA

"*De ahora en adelante nadie me cause molestias, porque yo traigo en mi cuerpo las marcas del Señor Jesús.*" — Gálatas 6:17

"*Y pondrán mi nombre sobre los hijos de Israel, y yo los bendeciré.*" — Números 6:27

Muchos destinos están *marcados silenciosamente* en el reino espiritual, no por Dios, sino por el enemigo.

Estas marcas satánicas pueden presentarse en forma de señales corporales extrañas, sueños de tatuajes o marcas, abusos traumáticos, rituales de sangre o altares heredados. Algunas son invisibles —solo se perciben mediante la sensibilidad espiritual—, mientras que otras se manifiestan como señales físicas, tatuajes demoníacos, marcas espirituales o enfermedades persistentes.

Cuando una persona está marcada por el enemigo, puede experimentar:

- Rechazo constante y odio sin causa.
- Ataques y bloqueos espirituales repetidos.
- Muerte prematura o crisis de salud a determinadas edades.
- Ser rastreado en el espíritu —siempre visible para la oscuridad.

Estas marcas funcionan como *etiquetas legales*, dando a los espíritus oscuros permiso para atormentar, retrasar o monitorear.

Pero la sangre de Jesús **limpia** y **renueva**.

Expresiones globales

- **África** – Marcas tribales, cortes rituales, cicatrices de iniciación oculta.
- **Asia** – Sellos espirituales, símbolos ancestrales, marcas kármicas.

- **América Latina** – Marcas de iniciación en brujería, signos de nacimiento utilizados en rituales.
- **Europa** – Emblemas de la masonería, tatuajes que invocan guías espirituales.
- **América del Norte** – Símbolos de la nueva era, tatuajes de abuso ritual, marcas demoníacas a través de pactos ocultos.

Historias reales: El poder del cambio de marca
David de Uganda

David enfrentaba rechazo constante. Nadie podía explicar por qué, a pesar de su talento. En oración, un profeta vio una "X espiritual" en su frente: una marca de un ritual infantil realizado por un sacerdote del pueblo. Durante la liberación, la marca fue borrada espiritualmente mediante la unción con aceite y declaraciones sobre la sangre de Jesús. Su vida cambió en cuestión de semanas: se casó, consiguió trabajo y se convirtió en líder juvenil.

Sandra de Brasil

Sandra tenía un tatuaje de dragón de su rebeldía adolescente. Tras entregar su vida a Cristo, notó intensos ataques espirituales cada vez que ayunaba u oraba. Su pastor discernió que el tatuaje era un símbolo demoníaco vinculado a espíritus guardianes. Tras una sesión de arrepentimiento, oración y sanación interior, se lo quitó y rompió el vínculo con su alma. Sus pesadillas cesaron de inmediato.

Plan de acción: Borrar la marca

1. **Pídele al Espíritu Santo** que te revele cualquier marca espiritual o física en tu vida.
2. **Arrepiéntete** por cualquier participación personal o hereditaria en los rituales que los permitieron.
3. **Aplica la sangre de Jesús** sobre tu cuerpo: frente, manos y pies.
4. **Romper los espíritus guardianes, los lazos del alma y los derechos legales** atados a las marcas (ver las escrituras a continuación).
5. **Eliminar tatuajes físicos o elementos** (como se indica) que estén vinculados a pactos oscuros.

Solicitud de grupo – Rebranding en Cristo

- Pregunte a los miembros del grupo: ¿Alguna vez han tenido una marca o han soñado con ser marcados?
- Dirija una oración de **limpieza y rededicación** a Cristo.
- Unjan las frentes con aceite y declaren: *"Ahora llevan la marca del Señor Jesucristo".*
- Romper con los espíritus controladores y reconfigurar su identidad en Cristo.

Herramientas del Ministerio:

- Aceite de oliva (bendecido para la unción)
- Espejo o paño blanco (acto simbólico de lavado)
- Comunión (sella la nueva identidad)

Visión clave

Lo que está marcado en el espíritu se **ve en el espíritu** : elimina lo que el enemigo usó para etiquetarte.

Diario de reflexión

- ¿Alguna vez he visto marcas, moretones o símbolos extraños en mi cuerpo sin explicación?
- ¿Hay objetos, piercings o tatuajes que necesito renunciar o eliminar?
- ¿He re-dedicado plenamente mi cuerpo como templo del Espíritu Santo?

Oración de renovación de marca

Señor Jesús , renuncio a toda marca, pacto y dedicación hecha en mi cuerpo o espíritu fuera de tu voluntad. Por tu sangre, borro toda marca satánica. Declaro que estoy marcado solo para Cristo. Que tu sello de propiedad esté sobre mí y que todo espíritu vigilante me pierda de vista. Ya no soy visible para la oscuridad. Camino libre —en el nombre de Jesús, amén.

DÍA 15: EL REINO DEL ESPEJO — ESCAPANDO DE LA PRISIÓN DE LOS REFLEJOS

" Ahora vemos por espejo, oscuramente; pero entonces veremos cara a cara..." — 1 Corintios 13:12

"Tienen ojos, pero no ven; oídos, pero no oyen..." — Salmo 115:5-6

Existe un **reino de espejos** en el mundo espiritual: un lugar de *identidades falsas*, manipulación espiritual y reflejos oscuros. Lo que muchos ven en sueños o visiones puede que no sean espejos de Dios, sino herramientas de engaño del reino oscuro.

En el ocultismo, los espejos se utilizan para **atrapar almas**, **monitorear vidas** o **transferir personalidades**. En algunas sesiones de liberación, las personas reportan verse a sí mismas "viviendo" en otro lugar: dentro de un espejo, en una pantalla o tras un velo espiritual. Estas no son alucinaciones. A menudo son prisiones satánicas diseñadas para:

- Fragmentar el alma
- Retrasar el destino
- Confundir identidad
- Organizar líneas temporales espirituales alternativas

¿El objetivo? Crear una *versión falsa* de ti que viva bajo control demoníaco mientras tu yo real vive en la confusión o la derrota.

Expresiones globales

- **África** – Brujería del espejo utilizada por los hechiceros para vigilar, atrapar o atacar.
- **Asia** – Los chamanes utilizan cuencos de agua o piedras pulidas para

"ver" y convocar espíritus.
- **Europa** – Rituales del espejo negro, nigromancia a través de reflejos.
- **América Latina** – La adivinación a través de espejos de obsidiana en las tradiciones aztecas.
- **América del Norte** – Portales de espejo de la nueva era, observación de espejos para viajes astrales.

Testimonio — "La chica en el espejo"
María de Filipinas

María soñaba con estar atrapada en una habitación llena de espejos. Cada vez que progresaba en la vida, veía una versión de sí misma en el espejo que la empujaba hacia atrás. Una noche, durante su liberación, gritó y describió haberse visto "salir del espejo" hacia la libertad. Su pastor le ungió los ojos y la guio a renunciar a la manipulación del espejo. Desde entonces, su claridad mental, su negocio y su vida familiar se han transformado.

David de Escocia

, quien una vez estuvo inmerso en la meditación de la nueva era, practicó el "trabajo de sombra en el espejo". Con el tiempo, comenzó a oír voces y a verse a sí mismo haciendo cosas que nunca pretendió. Tras aceptar a Cristo, un ministro de liberación rompió las ataduras del alma en el espejo y oró por su mente. David relató que sintió como si se le hubiera disipado la niebla por primera vez en años.

Plan de acción: Romper el hechizo del espejo

1. **Renuncia** a toda implicación conocida o desconocida con los espejos utilizados espiritualmente.
2. **Cubre todos los espejos de tu casa** con un paño durante la oración o el ayuno (si es indicado).
3. **Unge tus ojos y tu frente** ; declara que ahora sólo ves lo que Dios ve.
4. **Utilice las Escrituras** para declarar su identidad en Cristo, no en una falsa reflexión:
    - *Isaías 43:1*
    - *2 Corintios 5:17*
    - *Juan 8:36*

SOLICITUD DE GRUPO: restauración de identidad

- Pregunta: ¿Alguna vez has tenido sueños que involucraban espejos, dobles o ser observado?
- Dirige una oración de recuperación de la identidad: declarando la libertad de las versiones falsas de uno mismo.
- Coloque las manos sobre los ojos (simbólicamente o en oración) y ore por claridad en la visión.
- Usen un espejo en grupo para declarar proféticamente: «*Soy quien Dios dice que soy. Nada más*».

Herramientas del Ministerio:

- Tela blanca (que cubre los símbolos)
- Aceite de oliva para ungir
- Guía de declaración del espejo profético

Visión clave

Al enemigo le encanta distorsionar la forma en que te ves a ti mismo, porque tu identidad es tu punto de acceso al destino.

Diario de reflexión

- ¿He creído mentiras sobre quién soy?
- ¿He participado alguna vez en rituales de espejo o he permitido sin saberlo la brujería del espejo?
- ¿Qué dice Dios sobre quién soy yo?

Oración de liberación del Reino del Espejo

Padre Celestial, rompo todo pacto con el reino del espejo: todo reflejo oscuro, doble espiritual y línea temporal falsa. Renuncio a toda identidad falsa. Declaro que soy quien dices ser. Por la sangre de Jesús, salgo de la prisión de los reflejos y entro en la plenitud de mi propósito. Desde hoy, veo con los ojos del Espíritu, con verdad y claridad. En el nombre de Jesús, amén.

DÍA 16: ROMPIENDO EL VÍNCULO DE LAS MALDICIONES DE LAS PALABRAS — RECUPERANDO TU NOMBRE, TU FUTURO

"*Muerte y vida están en poder de la lengua...*" — Proverbios 18:21
   "*Ninguna arma forjada contra ti prosperará, y condenarás toda lengua que se levante contra ti en juicio...*" — Isaías 54:17

Las palabras no son solo sonidos: son **contenedores espirituales** que contienen el poder de bendecir o unir. Muchas personas, sin saberlo, viven bajo el **peso de las maldiciones pronunciadas** por sus padres, maestros, líderes espirituales, exparejas o incluso por sus propias bocas.

Algunos ya han oído esto antes:

- "Nunca llegarás a nada."
- Eres igual que tu padre: inútil.
- "Todo lo que tocas fracasa."
- "Si yo no puedo tenerte, nadie lo hará."
- "Estás maldito... observa y verás."

Palabras como estas, dichas con ira, odio o miedo, especialmente por alguien con autoridad, pueden convertirse en una trampa espiritual. Incluso maldiciones autopronunciadas como «*Ojalá nunca hubiera nacido*» o «*Nunca me casaré*» pueden otorgarle al enemigo un terreno legal.

Expresiones globales

- **África** – Maldiciones tribales, maldiciones de los padres por la rebelión, maldiciones del mercado.
- **Asia** – Declaraciones de palabras basadas en el karma, votos

ancestrales hablados por los niños.
- **América Latina** – Maldiciones de brujería activadas por la palabra hablada.
- **Europa** – Hechizos hablados, "profecías" familiares que se cumplen por sí solas.
- **América del Norte** – Abuso verbal, cánticos ocultos, afirmaciones de autoodio.

Ya sean susurradas o gritadas, las maldiciones dichas con emoción y creencia tienen peso en el espíritu.

Testimonio — "Cuando mi madre habló de muerte"
Keisha (Jamaica)

Keisha creció escuchando a su madre decir: *"Tú eres la razón por la que mi vida está arruinada"*. Cada cumpleaños, algo malo le sucedía. A los 21 años, intentó suicidarse, convencida de que su vida no valía nada. Durante un servicio de liberación, el ministro le preguntó: *"¿Quién te impuso la muerte?"*. Ella se derrumbó. Tras renunciar a las palabras y liberar el perdón, finalmente experimentó la alegría. Ahora, enseña a las jóvenes a imponerse la vida.

Andrei (Rumania)

El maestro de Andrei dijo una vez: «*Antes de los 25, acabarás en la cárcel o muerto*». Esa frase lo atormentó. Cayó en la delincuencia y a los 24 fue arrestado. En prisión, conoció a Cristo y comprendió la maldición a la que había accedido. Le escribió una carta de perdón, desmintió todas las mentiras que le habían dicho y comenzó a proclamar las promesas de Dios. Ahora dirige un ministerio de ayuda a personas en prisiones.

Plan de acción: revertir la maldición

1. Escribe las declaraciones negativas que dicen sobre ti, ya sean de otras personas o de ti mismo.
2. En la oración, **renuncie a toda palabra de maldición** (dámosla en voz alta).
3. **Libera el perdón** a la persona que lo pronunció.
4. **Habla la verdad de Dios** sobre ti mismo para reemplazar la maldición con bendición:
    - *Jeremías 29:11*

- *Deuteronomio 28:13*
- *Romanos 8:37*
- *Salmo 139:14*

Solicitud grupal: El poder de las palabras

- Pregunta: ¿Qué afirmaciones han moldeado tu identidad, sean buenas o malas?
- En grupos, pronuncien maldiciones en voz alta (con sensibilidad) y digan bendiciones en reemplazo.
- Utilice tarjetas con las Escrituras: cada persona lee en voz alta tres verdades sobre su identidad.
- *Decreto de Bendición* de 7 días sobre sí mismos.

Herramientas del Ministerio:

- Tarjetas didácticas con identidad de las Escrituras
- Aceite de oliva para ungir la boca (habla santificadora)
- Declaraciones en el espejo: di la verdad sobre tu reflejo todos los días

Visión clave

Si se pronunció una maldición, ésta puede romperse, y en su lugar puede pronunciarse una nueva palabra de vida.

Diario de reflexión

- ¿Cuyas palabras han moldeado mi identidad?
- ¿Me he maldecido a mí mismo por miedo, ira o vergüenza?
- ¿Qué dice Dios sobre mi futuro?

Oración para romper las maldiciones de las palabras

Señor Jesús, renuncio a toda maldición pronunciada sobre mi vida: por mi familia, amigos, maestros, amantes e incluso por mí mismo. Perdono toda voz que me haya declarado fracaso, rechazo o muerte. Rompo el poder de esas palabras ahora, en el nombre de Jesús. Declaro bendición, favor y destino sobre mi vida. Soy quien dices que soy: amado, elegido, sanado y libre. En el nombre de Jesús. Amén.

DÍA 17: LIBERACIÓN DEL CONTROL Y LA MANIPULACIÓN

"*La brujería no siempre se trata de túnicas y calderos; a veces se trata de palabras, emociones y correas invisibles*".

"**Porque la rebelión es como pecado de hechicería, y la terquedad como iniquidad e idolatría.**"
— *1 Samuel 15:23*

La brujería no solo se encuentra en santuarios. A menudo se presenta con una sonrisa y manipula mediante la culpa, las amenazas, los halagos o el miedo. La Biblia equipara la rebelión —especialmente la rebelión que ejerce un control impío sobre otros— con la brujería. Cada vez que usamos presión emocional, psicológica o espiritual para dominar la voluntad de otro, nos adentramos en un terreno peligroso.

Manifestaciones globales

- **África** – Madres que maldicen a sus hijos con ira, amantes que atan a otros mediante "juju" o pociones de amor, líderes espirituales que intimidan a sus seguidores.
- **Asia** – Control del gurú sobre los discípulos, chantaje paterno en matrimonios concertados, manipulaciones de los cordones energéticos.
- **Europa** – Los juramentos masónicos controlan el comportamiento generacional, la culpa religiosa y la dominación.
- **América Latina** – Brujería utilizada para conservar parejas, chantaje emocional arraigado en maldiciones familiares.
- **América del Norte** – Crianza narcisista, liderazgo manipulador enmascarado como "cobertura espiritual", profecía basada en el miedo.

La voz de la brujería a menudo susurra: *"Si no haces esto, me perderás, perderás el favor de Dios o sufrirás".*

Pero el amor verdadero nunca manipula. La voz de Dios siempre trae paz, claridad y libertad de elección.

Historia real: Rompiendo la correa invisible

Grace, de Canadá, estaba muy involucrada en un ministerio profético donde el líder empezó a dictarle con quién podía salir, dónde podía vivir e incluso cómo orar. Al principio, le pareció espiritual, pero con el tiempo, se sintió prisionera de sus opiniones. Cada vez que intentaba tomar una decisión independiente, le decían que se estaba "rebelando contra Dios". Tras una crisis nerviosa y leer *Greater Exploits 14* , se dio cuenta de que se trataba de brujería carismática: control disfrazado de profecía.

Grace renunció a su vínculo espiritual con su líder espiritual, se arrepintió de su acuerdo con la manipulación y se unió a una comunidad local para sanar. Hoy, está completa y ayuda a otros a superar el abuso religioso.

Plan de acción: Cómo discernir la brujería en las relaciones

1. Pregúntese: *¿Me siento libre cerca de esta persona o tengo miedo de decepcionarla?*
2. Enumere las relaciones en las que se utilizan la culpa, las amenazas o los halagos como herramientas de control.
3. Renuncia a todo lazo emocional, espiritual o del alma que te haga sentir dominado o sin voz.
4. Oremos en voz alta para romper toda atadura manipuladora en nuestra vida.

Herramientas de las Escrituras

- **1 Samuel 15:23** – Rebelión y brujería
- **Gálatas 5:1** – "Manténganse firmes... no estén otra vez sujetos al yugo de esclavitud."
- **2 Corintios 3:17** – "Donde está el Espíritu del Señor, allí hay libertad."
- **Miqueas 3:5–7** – Falsos profetas que usan la intimidación y el soborno

Discusión y aplicación en grupo

- Comparte (de forma anónima si es necesario) una ocasión en la que te sentiste manipulado espiritual o emocionalmente.
- Representa una oración para "decir la verdad", liberando el control sobre los demás y recuperando tu voluntad.
- Pida a los miembros que escriban cartas (reales o simbólicas) rompiendo lazos con las figuras controladoras y declarando la libertad en Cristo.

Herramientas del Ministerio:

- Parejas compañeras de liberación.
- Use el aceite de unción para declarar libertad sobre la mente y la voluntad.
- Utilicemos la comunión para restablecer el pacto con Cristo como la *única cobertura verdadera* .

Visión clave

Donde habita la manipulación, prospera la brujería. Pero donde está el Espíritu de Dios, hay libertad.

Diario de reflexión

- ¿A quién o a qué he permitido que controle mi voz, mi voluntad o mi dirección?
- ¿Alguna vez he usado el miedo o la adulación para lograr lo que quiero?
- ¿Qué pasos daré hoy para caminar en la libertad de Cristo?

Oración de liberación

Padre Celestial, renuncio a toda forma de manipulación emocional, espiritual y psicológica que opera en mí o a mi alrededor. Corto todo lazo del alma arraigado en el miedo, la culpa y el control. Me libero de la rebelión, la dominación y la intimidación. Declaro que me guío solo por tu Espíritu. Recibo gracia para vivir en amor, verdad y libertad. En el nombre de Jesús. Amén.

DÍA 18: ROMPIENDO EL PODER DE LA FALTA DE PERDÓN Y LA AMARGURA

"La falta de perdón es como beber veneno y esperar que la otra persona muera".

"Mirad... que ninguna raíz de amargura brote y cause problemas y contamine a muchos."
— *Hebreos 12:15*

La amargura es un destructor silencioso. Puede comenzar con dolor —una traición, una mentira, una pérdida— pero, si no se controla, se convierte en falta de perdón y, finalmente, en una raíz que lo envenena todo.

La falta de perdón abre la puerta a los espíritus atormentadores (Mateo 18:34). Nubla el discernimiento, impide la sanación, ahoga las oraciones y bloquea el fluir del poder de Dios.

La liberación no se trata solamente de expulsar demonios, se trata de liberar lo que has estado reteniendo en tu interior.

EXPRESIONES GLOBALES de amargura

- **África** : Guerras tribales, violencia política y traiciones familiares transmitidas de generación en generación.
- **Asia** – Deshonra entre padres e hijos, heridas de casta, traiciones religiosas.
- **Europa** – Silencio generacional ante el abuso, amargura ante el divorcio o la infidelidad.
- **América Latina** – Heridas de instituciones corruptas, rechazos familiares, manipulación espiritual.
- **América del Norte** – Dolor en la Iglesia, trauma racial, padres

ausentes, injusticia en el lugar de trabajo.

La amargura no siempre grita. A veces, susurra: «Nunca olvidaré lo que hicieron».

Pero Dios dice: *Déjalo ir, no porque ellos lo merezcan, sino porque **tú** lo mereces.*

Historia real: La mujer que no perdonaba

María, de Brasil, tenía 45 años cuando acudió por primera vez para ser liberada. Todas las noches soñaba con ser estrangulada. Tenía úlceras, hipertensión y depresión. Durante la sesión, se reveló que había albergado odio hacia su padre, quien abusó de ella de niña y posteriormente abandonó a la familia.

Ella se había convertido al cristianismo, pero nunca lo había perdonado.

Mientras lloraba y lo soltaba ante Dios, su cuerpo se convulsionó; algo se rompió. Esa noche, durmió plácidamente por primera vez en 20 años. Dos meses después, su salud comenzó a mejorar drásticamente. Ahora comparte su historia como coach de sanación para mujeres.

Plan de acción: Arrancando la raíz amarga

1. **Nómbralo**: escribe los nombres de aquellos que te hicieron daño, incluso tú mismo o Dios (si has estado secretamente enojado con Él).
2. **Libéralo** – Di en voz alta: *"Elijo perdonar a [nombre] por [ofensa específica]. Los libero y me libero".*
3. **Quémalo**: si es seguro hacerlo, quema o tritura el papel como un acto profético de liberación.
4. **Ora para bendecir** a quienes te hicieron daño, incluso si tus emociones se resisten. Esto es guerra espiritual.

Herramientas de las Escrituras

- *Mateo 18:21–35* – La parábola del siervo implacable
- *Hebreos 12:15* – Las raíces de amargura contaminan a muchos
- *Marcos 11:25* – Perdonad, para que vuestras oraciones no sean estorbadas
- *Romanos 12:19–21* – Dejad la venganza en manos de Dios

SOLICITUD DE GRUPO y ministerio

- Pídale a cada persona (en privado o por escrito) que nombre a alguien a quien le cuesta perdonar.
- Divídanse en equipos de oración para recorrer el proceso del perdón utilizando la oración a continuación.
- Dirija una "ceremonia de quema" profética donde las ofensas escritas se destruyen y se reemplazan con declaraciones de sanación.

Herramientas del Ministerio:

- Tarjetas de declaración de perdón
- Música instrumental suave o adoración relajante
- Aceite de alegría (para ungir después de la liberación)

Visión clave
La falta de perdón es una puerta que el enemigo explota. El perdón es una espada que corta el cordón de la esclavitud.

Diario de reflexión

- ¿A quién necesito perdonar hoy?
- he perdonado o me estoy castigando por errores pasados?
- ¿Creo que Dios puede restaurar lo que perdí por traición u ofensa?

Oración de liberación
Señor Jesús, vengo ante ti con mi dolor, mi ira y mis recuerdos. Hoy, por fe, decido perdonar a todos los que me han herido, abusado, traicionado o rechazado. Los dejo ir. Los libero del juicio y me libero de la amargura. Te pido que sanes cada herida y me llenes de tu paz. En el nombre de Jesús. Amén.

DÍA 19: SANACIÓN DE LA VERGÜENZA Y LA CONDENACIÓN

La vergüenza dice: "Soy malo". La condena dice: "Nunca seré libre". Pero Jesús dice: "Eres mío, y te he hecho nuevo".

"Los que miran hacia Él están radiantes; sus rostros nunca están cubiertos de vergüenza."

— *Salmo 34:5*

La vergüenza no es solo un sentimiento, es una estrategia del enemigo. Es el manto con el que envuelve a quienes han caído, han fallado o han sido violados. Dice: «No puedes acercarte a Dios. Estás demasiado sucio. Demasiado dañado. Demasiado culpable».

Pero la condenación es una **mentira**, porque en Cristo **no hay condenación** (Romanos 8:1).

Muchas personas que buscan la liberación se quedan estancadas porque creen que **no merecen la libertad**. Cargan la culpa como una insignia y repiten sus peores errores como un disco rayado.

Jesús no sólo pagó por tus pecados; pagó por tu vergüenza.

Rostros globales de la vergüenza

- **África** – Tabúes culturales en torno a la violación, la esterilidad, la falta de hijos o el fracaso matrimonial.
- **Asia** – Vergüenza basada en el deshonor debido a expectativas familiares o deserción religiosa.
- **América Latina** – Culpa por abortos, involucramiento en lo oculto o desgracia familiar.
- **Europa** – Vergüenza oculta por pecados secretos, abusos o problemas de salud mental.
- **América del Norte** – Vergüenza por la adicción, el divorcio, la

pornografía o la confusión de identidad.

La vergüenza prospera en el silencio, pero muere a la luz del amor de Dios.

Historia real: Un nuevo nombre después del aborto

Jasmine, de Estados Unidos, tuvo tres abortos antes de convertirse a Cristo. Aunque era salva, no podía perdonarse. Cada Día de la Madre se sentía como una maldición. Cuando la gente hablaba de hijos o de la crianza, se sentía invisible y, peor aún, indigna.

Durante un retiro de mujeres, escuchó un mensaje sobre Isaías 61: «En lugar de vergüenza, doble porción». Lloró. Esa noche, escribió cartas a sus hijos no nacidos, se arrepintió de nuevo ante el Señor y recibió una visión de Jesús dándole nuevos nombres: *«Amada», «Madre», «Restaurada»*.

Ahora ministra a mujeres que han abortado y las ayuda a recuperar su identidad en Cristo.

Plan de acción: Salir de las sombras

1. **Nombra la vergüenza** : anota en un diario aquello que has estado ocultando o por lo que te sientes culpable.
2. **Confiesa la mentira** : escribe las acusaciones que has creído (por ejemplo, "Soy sucio", "Estoy descalificado").
3. **Reemplazar con la Verdad** – Declara en voz alta la Palabra de Dios sobre ti mismo (ver las Escrituras a continuación).
4. **Acción Profética** : Escribe la palabra "VERGÜENZA" en un papel, rómpelo o quémalo. Declara: *"¡Ya no estoy atado a esto!"*

Herramientas de las Escrituras

- *Romanos 8:1–2* – No hay condenación en Cristo
- *Isaías 61:7* – Doble porción por vergüenza
- *Salmo 34:5* – Resplandor en su presencia
- *Hebreos 4:16* – Acceso libre al trono de Dios
- *Sofonías 3:19-20* – Dios quita la vergüenza entre las naciones

Solicitud de grupo y ministerio

- Invite a los participantes a escribir declaraciones anónimas de vergüenza (por ejemplo, "Tuve un aborto", "Fui abusada", "Cometí fraude") y colocarlas en una caja sellada.
- Lea Isaías 61 en voz alta, luego dirija una oración de intercambio: luto por alegría, cenizas por belleza, vergüenza por honor.
- Reproduzca música de adoración que enfatice la identidad en Cristo.
- Habla palabras proféticas sobre personas que están listas para dejar ir.

Herramientas del Ministerio:

- Tarjetas de declaración de identidad
- aceite de unción
- Lista de reproducción de adoración con canciones como "You Say" (Lauren Daigle), "No Longer Slaves" o "Who You Say I Am"

Visión clave

La vergüenza es una ladrona. Te roba la voz, el gozo y la autoridad. Jesús no solo perdonó tus pecados, sino que le quitó el poder a la vergüenza.

Diario de reflexión

- ¿Cuál es el primer recuerdo de vergüenza que tengo?
- ¿Qué mentira he estado creyendo sobre mí mismo?
- ¿Estoy listo para verme como Dios me ve: limpio, radiante y elegido?

Oración de sanación

Señor Jesús, te traigo mi vergüenza, mi dolor oculto y toda voz de condenación. Me arrepiento de haber aceptado las mentiras del enemigo sobre mí. Elijo creer lo que dices: que soy perdonado, amado y renovado. Recibo tu manto de justicia y entro en libertad. Salgo de la vergüenza y entro en tu gloria. En el nombre de Jesús, amén.

DÍA 20: BRUJERÍA DOMÉSTICA — CUANDO LA OSCURIDAD VIVE BAJO EL MISMO TECHO

No todos los enemigos están afuera. Algunos tienen caras conocidas. "Los enemigos del hombre serán los miembros de su propia casa."
— *Mateo 10:36*

Algunas de las batallas espirituales más feroces no se libran en bosques o santuarios, sino en dormitorios, cocinas y altares familiares.

La brujería doméstica se refiere a operaciones demoníacas que se originan dentro de la propia familia (padres, cónyuges, hermanos, personal de la casa o parientes extendidos) a través de la envidia, la práctica oculta, los altares ancestrales o la manipulación espiritual directa.

La liberación se vuelve compleja cuando las personas involucradas son **aquellas a quienes amamos o con quienes vivimos.**

Ejemplos globales de brujería doméstica

- **África** – Una madrastra celosa envía maldiciones a través de la comida; un hermano invoca espíritus contra un hermano más exitoso.
- **India y Nepal**: Las madres dedican a sus hijos a las deidades al nacer; los altares domésticos se utilizan para controlar los destinos.
- **América Latina** – Brujería o santería practicada en secreto por familiares para manipular a sus cónyuges o hijos.
- **Europa** – Masonería oculta o juramentos ocultos en líneas familiares; tradiciones psíquicas o espiritualistas transmitidas de generación en generación.
- **América del Norte** – Padres wiccanos o de la nueva era "bendicen" a sus hijos con cristales, limpieza energética o tarot.

Estos poderes pueden esconderse detrás del afecto familiar, pero su objetivo es el control, el estancamiento, la enfermedad y la esclavitud espiritual.

Historia real: Mi padre, el profeta del pueblo

Una mujer de África Occidental creció en un hogar donde su padre era un profeta aldeano muy respetado. Para los forasteros, era un guía espiritual. A puerta cerrada, enterraba amuletos en el recinto y ofrecía sacrificios en nombre de familias que buscaban favores o venganza.

Surgieron patrones extraños en su vida: pesadillas recurrentes, relaciones fallidas y enfermedades inexplicables. Cuando entregó su vida a Cristo, su padre se volvió contra ella, declarando que jamás triunfaría sin su ayuda. Su vida se descontroló durante años.

Tras meses de oraciones y ayunos de medianoche, el Espíritu Santo la guio a renunciar a todo vínculo espiritual con el manto ocultista de su padre. Enterró escrituras en sus paredes, quemó objetos antiguos y ungió su umbral a diario. Poco a poco, comenzó a progresar: recuperó la salud, sus sueños se aclararon y finalmente se casó. Ahora ayuda a otras mujeres a afrontar los altares domésticos.

Plan de acción: Enfrentando el espíritu familiar

1. **Discernir sin deshonrar** – Pedirle a Dios que revele poderes ocultos sin odio.
2. **Romper acuerdos anímicos** : renunciar a todo vínculo espiritual realizado a través de rituales, altares o juramentos hablados.
3. **Espiritualmente separados** – Incluso si viven en la misma casa, pueden **desconectarse espiritualmente** a través de la oración.
4. **Santifica tu espacio** : unge cada habitación, objeto y umbral con aceite y escrituras.

Herramientas de las Escrituras

- *Miqueas 7:5–7* – No confíes en el prójimo
- *Salmo 27:10* – "Aunque mi padre y mi madre me abandonaren..."
- *Lucas 14:26* – Amar a Cristo más que a la familia
- *2 Reyes 11:1–3* – Liberación oculta de una reina madre asesina
- *Isaías 54:17* – Ninguna arma forjada prosperará

Solicitud de grupo

- Compartir experiencias en donde la oposición surgió dentro de la familia.
- Oremos por sabiduría, valentía y amor frente a la resistencia del hogar.
- Dirige una oración de renuncia a cada atadura del alma o maldición dicha por familiares.

Herramientas del Ministerio:

- aceite de unción
- Declaraciones de perdón
- Oraciones de liberación del pacto
- Oración del Salmo 91

Visión clave

El linaje puede ser una bendición o un campo de batalla. Estás llamado a redimirlo, no a dejarte gobernar por él.

Diario de reflexión

- ¿Alguna vez he tenido resistencia espiritual por parte de alguien cercano?
- ¿Hay alguien a quien deba perdonar, incluso si todavía practica la brujería?
- ¿Estoy dispuesto a ser apartado, incluso si eso cuesta relaciones?

Oración de separación y protección

Padre, reconozco que la mayor oposición puede provenir de mis seres más cercanos. Perdono a cada miembro de mi familia que, consciente o inconscientemente, obra en contra de mi destino. Rompo todo lazo del alma, maldición y pacto hecho a través de mi línea familiar que no se alinee con tu Reino. Por la sangre de Jesús, santifico mi hogar y declaro: en cuanto a mí y a mi casa, serviremos al Señor. Amén.

DÍA 21: EL ESPÍRITU DE JEZABEL: SEDUCCIÓN, CONTROL Y MANIPULACIÓN RELIGIOSA

Pero tengo esto contra ti: toleras a esa mujer Jezabel, que se dice profetisa. Con sus enseñanzas extravía... — Apocalipsis 2:20

— *Su fin vendrá de repente, sin remedio.* — Proverbios 6:15

Algunos espíritus gritan desde afuera.

Jezabel susurra desde adentro.

No solo tienta, sino que **usurpa, manipula y corrompe**, dejando ministerios destrozados, matrimonios sofocados y naciones seducidas por la rebelión.

¿Qué es el Espíritu de Jezabel?

El espíritu de Jezabel:

- Imita la profecía para engañar
- Utiliza el encanto y la seducción para controlar.
- Odia la verdadera autoridad y silencia a los profetas
- Enmascara el orgullo tras una falsa humildad
- A menudo se apega al liderazgo o a personas cercanas a él.

Este espíritu puede operar a través de **hombres o mujeres**, y prospera donde el poder descontrolado, la ambición o el rechazo quedan impunes.

Manifestaciones globales

- **África** – Falsas profetisas que manipulan altares y exigen lealtad con miedo.
- **Asia** – Místicos religiosos mezclan la seducción con visiones para dominar los círculos espirituales.

- **Europa** – Los antiguos cultos a las diosas reviven en las prácticas de la Nueva Era bajo el nombre de empoderamiento.
- **América Latina** – Las sacerdotisas de la santería ejercen control sobre las familias a través de "consejos espirituales".
- **América del Norte** – Influencers de redes sociales promueven la "feminidad divina" mientras se burlan de la sumisión, la autoridad o la pureza bíblica.

Historia real: *La Jezabel que se sentó en el altar*

En una nación caribeña, una iglesia que ardía por Dios comenzó a apagarse, lenta y sutilmente. El grupo de intercesión que antes se reunía para orar a medianoche comenzó a dispersarse. El ministerio juvenil se vio envuelto en un escándalo. Los matrimonios en la iglesia comenzaron a fracasar, y el otrora apasionado pastor se volvió indeciso y espiritualmente cansado.

En el centro de todo estaba una mujer: **la Hermana R.** Hermosa, carismática y generosa, era admirada por muchos. Siempre tenía una "palabra del Señor" y un sueño sobre el destino de los demás. Donaba generosamente a proyectos de la iglesia y se ganó un lugar cerca del pastor.

Tras bastidores, **calumnió sutilmente a otras mujeres**, sedujo a un pastor joven y sembró la división. Se posicionó como una autoridad espiritual mientras, discretamente, socavaba el liderazgo real.

Una noche, una adolescente de la iglesia tuvo un sueño vívido: vio una serpiente enroscada bajo el púlpito, susurrando al micrófono. Aterrorizada, se lo contó a su madre, quien se lo llevó al pastor.

Los líderes decidieron ayunar durante **tres días** para buscar la guía de Dios. Al tercer día, durante una sesión de oración, la Hermana R comenzó a manifestarse violentamente. Silbaba, gritaba y acusaba a otros de brujería. Recibió una poderosa liberación, y confesó: había sido iniciada en una orden espiritual al final de su adolescencia, con la tarea de **infiltrarse en las iglesias para robarles su fe.**

Ya había estado en **cinco iglesias** antes de esta. Su arma no era el ruido: era **la adulación, la seducción, el control emocional** y la manipulación profética.

Hoy, esa iglesia ha reconstruido su altar. El púlpito ha sido reinaugurado. ¿Y esa joven adolescente? Ahora es una evangelista apasionada que lidera un movimiento de oración de mujeres.

Plan de acción: Cómo confrontar a Jezabel

1. **Arrepiéntete** de cualquier forma en que hayas cooperado con la manipulación, el control sexual o el orgullo espiritual.
2. **Discierna** los rasgos de Jezabel: adulación, rebelión, seducción, falsa profecía.
3. **Rompe los lazos del alma** y las alianzas impías en oración, especialmente con cualquiera que te aleje de la voz de Dios.
4. **Declara tu autoridad** en Cristo. Jezabel teme a quienes saben quiénes son.

Arsenal de las Escrituras:

- 1 Reyes 18–21 – Jezabel contra Elías
- Apocalipsis 2:18–29 – La advertencia de Cristo a Tiatira
- Proverbios 6:16–19 – Lo que Dios odia
- Gálatas 5:19–21 – Obras de la carne

Solicitud de grupo

- Debate: ¿Has presenciado alguna vez manipulación espiritual? ¿Cómo se disfrazó?
- Como grupo, declaren una política de "cero tolerancia" hacia Jezabel, en la iglesia, en el hogar o en el liderazgo.
- Si es necesario, realice una **oración de liberación** o un ayuno para romper su influencia.
- Rededicar cualquier ministerio o altar que haya sido comprometido.

Herramientas de ministerio:

Use aceite de unción. Cree un espacio para la confesión y el perdón. Cante cánticos de adoración que proclamen el **señorío de Jesús.**

Visión clave

Jezabel prospera donde **el discernimiento es bajo** y **la tolerancia alta**. Su reinado termina cuando despierta la autoridad espiritual.

Diario de reflexión

- ¿He permitido que la manipulación me guíe?
- ¿Hay personas o influencias que he elevado por encima de la voz de Dios?
- ¿He silenciado mi voz profética por miedo o por control?

Oración de liberación

Señor Jesús, renuncio a toda alianza con el espíritu de Jezabel. Rechazo la seducción, el control, las falsas profecías y la manipulación. Limpia mi corazón de orgullo, miedo y transigencia. Recupero mi autoridad. Que todo altar que Jezabel ha construido en mi vida sea derribado. Te entronizo, Jesús, como Señor de mis relaciones, mi llamado y mi ministerio. Lléname de discernimiento y valentía. En tu nombre, amén.

DÍA 22: PITONES Y ORACIONES — ROMPIENDO EL ESPÍRITU DE CONSTRICCIÓN

"*Una vez, cuando íbamos al lugar de oración, nos salió al encuentro una esclava que tenía un espíritu de Pitón...*" — Hechos 16:16
"*Sobre el león y la víbora pisarás...*" — Salmo 91:13

Hay un espíritu que no muerde, sino que **aprieta**.

Sofoca tu fuego. Se enrosca en tu vida de oración, tu aliento, tu adoración, tu disciplina, hasta que empiezas a renunciar a lo que una vez te dio fuerza.

Éste es el espíritu de **Pitón**, una fuerza demoníaca que **restringe el crecimiento espiritual, retrasa el destino, estrangula la oración y falsifica la profecía**.

Manifestaciones globales

- **África** – El espíritu de la pitón aparece como un falso poder profético que opera en santuarios marinos y forestales.
- **Asia** – Los espíritus serpiente son adorados como deidades que deben ser alimentadas o apaciguadas.
- **América Latina** – Los altares serpentinos de la santería se utilizan para la riqueza, la lujuria y el poder.
- **Europa** – Símbolos de serpiente en la brujería, la adivinación y los círculos psíquicos.
- **América del Norte** – Voces "proféticas" falsas que tienen sus raíces en la rebelión y la confusión espiritual.

Testimonio: *La niña que no podía respirar*

Marisol, de Colombia, empezó a tener dificultad para respirar cada vez que se arrodillaba a orar. Sentía una opresión en el pecho. Sus sueños estaban llenos de imágenes de serpientes enroscadas en su cuello o debajo de su cama. Los médicos no encontraron ningún problema médico.

Un día, su abuela admitió que, de niña, Marisol había sido "consagrada" a un espíritu de la montaña conocido por su apariencia de serpiente. Era un **"espíritu protector"**, pero tenía un precio.

Durante una reunión de liberación, Marisol comenzó a gritar violentamente cuando le impusieron manos. Sintió que algo se movía en su vientre, subía por su pecho y luego salía por su boca como si expulsara aire.

Después de ese encuentro, la falta de aliento terminó. Sus sueños cambiaron. Empezó a dirigir reuniones de oración, justo lo que el enemigo una vez intentó arrebatársele.

Señales de que podrías estar bajo la influencia del espíritu de Pitón

- Fatiga y pesadez cada vez que intentas orar o adorar.
- Confusión profética o sueños engañosos
- Sensaciones constantes de estar estrangulado, bloqueado o atado.
- Depresión o desesperación sin causa clara
- Pérdida del deseo o motivación espiritual

Plan de acción: Rompiendo la constricción

1. **Arrepiéntete** de cualquier implicación oculta, psíquica o ancestral.
2. **Declara que tu cuerpo y tu espíritu son sólo de Dios.**
3. **Ayuno y guerra** usando Isaías 27:1 y Salmo 91:13.
4. **Unge tu garganta, tu pecho y tus pies**, reclamando la libertad de hablar, respirar y caminar en la verdad.

Escrituras de liberación:

- Hechos 16:16–18 – Pablo expulsa al espíritu de pitón
- Isaías 27:1 – Dios castiga a Leviatán, la serpiente huidiza
- Salmo 91 – Protección y autoridad
- Lucas 10:19 – Poder para pisotear serpientes y escorpiones

SOLICITUD DE GRUPO

- Pregunte: ¿Qué está asfixiando nuestra vida de oración, tanto personal como corporativa?
- Dirija una oración de respiración grupal, declarando el **aliento de Dios** (Ruach) sobre cada miembro.
- Romper toda falsa influencia profética o presión serpenteante en la adoración y la intercesión.

Herramientas del Ministerio: Adoración con flautas o instrumentos de aliento, corte simbólico de cuerdas, pañuelos de oración para respirar libertad.

Visión clave

El espíritu de Pitón sofoca lo que Dios quiere que nazca. Hay que confrontarlo para recuperar el aliento y la valentía.

Diario de reflexión

- ¿Cuándo fue la última vez que me sentí completamente libre en la oración?
- ¿Hay señales de fatiga espiritual que he estado ignorando?
- ¿He aceptado sin saberlo "consejos espirituales" que trajeron más confusión?

Oración de liberación

Padre, en el nombre de Jesús, rompo todo espíritu opresor que sofoca mi propósito. Renuncio al espíritu de pitón y a toda falsa voz profética. Recibo el aliento de tu Espíritu y declaro: Respiraré libremente, oraré con valentía y andaré con rectitud. Toda serpiente enroscada en mi vida es arrancada y expulsada. Recibo liberación ahora. Amén.

DÍA 23: TRONOS DE INIQUIDAD — DERRIBANDO FORTALEZAS TERRITORIALES

"¿Tendrá comunión contigo el trono de iniquidad, que maquina el mal mediante la ley?" — Salmo 94:20

"No tenemos lucha contra sangre y carne, sino contra... gobernadores de las tinieblas..." — Efesios 6:12

Hay **tronos invisibles**, establecidos en ciudades, naciones, familias y sistemas, donde los poderes demoníacos **gobiernan legalmente** a través de pactos, legislación, idolatría y rebelión prolongada.

No se trata de ataques aleatorios. Se trata de **autoridades entronizadas**, profundamente arraigadas en estructuras que perpetúan el mal a lo largo de generaciones.

Hasta que estos tronos sean **desmantelados espiritualmente**, los ciclos de oscuridad persistirán, sin importar cuánta oración se ofrezca a nivel superficial.

Fortalezas y tronos globales

- **África** – Tronos de brujería en linajes reales y consejos tradicionales.
- **Europa** – Tronos del secularismo, la masonería y la rebelión legalizada.
- **Asia** – Tronos de idolatría en templos ancestrales y dinastías políticas.
- **América Latina** – Tronos de narcoterror, cultos a la muerte y corrupción.
- **América del Norte** – Tronos de perversión, aborto y opresión racial.

Estos tronos influyen en las decisiones, suprimen la verdad y **devoran destinos**.

Testimonio: *Liberación de un Concejal*

En una ciudad del sur de África, un concejal cristiano recién elegido descubrió que todos los funcionarios que lo habían precedido se habían vuelto locos, se habían divorciado o habían muerto repentinamente.

Tras días de oración, el Señor reveló un **trono de sacrificios de sangre** enterrado bajo el edificio municipal. Un vidente local había plantado amuletos hacía tiempo como parte de una reivindicación territorial.

El consejero reunió a los intercesores, ayunó y celebró un culto a medianoche en la sala del consejo. Durante tres noches, el personal reportó gritos extraños en las paredes y cortes de electricidad.

En una semana, comenzaron las confesiones. Se expusieron contratos corruptos y, en cuestión de meses, los servicios públicos mejoraron. El trono había caído.

Plan de Acción – Derrocar la Oscuridad

1. **Identifica el trono** : pídele al Señor que te muestre fortalezas territoriales en tu ciudad, oficina, linaje o región.
2. **Arrepentíos por la tierra** (intercesión al estilo de Daniel 9).
3. **Adorar estratégicamente** : los tronos se derrumban cuando la gloria de Dios toma el mando (ver 2 Crónicas 20).
4. **Declara el nombre de Jesús** como el único Rey verdadero sobre ese dominio.

Escrituras de anclaje:

- Salmo 94:20 – Tronos de iniquidad
- Efesios 6:12 – Gobernantes y autoridades
- Isaías 28:6 – Espíritu de justicia para los que combaten
- 2 Reyes 23 – Josías destruye altares y tronos idólatras

COMPROMISO GRUPAL

- Realiza una sesión de "mapa espiritual" de tu barrio o ciudad.
- Pregunte: ¿Cuáles son los ciclos de pecado, dolor u opresión aquí?
- Designar "vigilantes" para orar semanalmente en puntos de acceso

clave: escuelas, juzgados, mercados.
- El grupo líder decreta contra los gobernantes espirituales usando el Salmo 149:5-9.

Herramientas del Ministerio: Shofares, mapas de la ciudad, aceite de oliva para la consagración del terreno, guías de caminatas de oración.

Visión clave

Si quieres ver una transformación en tu ciudad, **debes desafiar al trono detrás del sistema**, no sólo al rostro que está frente a él.

Diario de reflexión

- ¿Existen batallas recurrentes en mi ciudad o familia que siento que son más grandes que yo?
- ¿He heredado una batalla contra un trono que no entronicé?
- ¿Qué "gobernantes" necesitan ser derrocados en la oración?

Oración de guerra

Oh Señor, expone todo trono de iniquidad que gobierna mi territorio. ¡Declaro el nombre de Jesús como el único Rey! Que todo altar, ley, pacto o poder oculto que imponga tinieblas sea dispersado por el fuego. Tomo mi lugar como intercesor. Por la sangre del Cordero y la palabra de mi testimonio, derribo tronos y entronizo a Cristo sobre mi hogar, mi ciudad y mi nación. En el nombre de Jesús. Amén.

DÍA 24: FRAGMENTOS DEL ALMA — CUANDO FALTAN PARTES DE TI

"*Él restaura mi alma...*" — Salmo 23:3

"*Yo sanaré tus heridas, declara el Señor, porque te llaman desechada...*" — Jeremías 30:17

El trauma destroza el alma. Abuso. Rechazo. Traición. Miedo repentino. Duelo prolongado. Estas experiencias no solo dejan recuerdos, sino que **fracturan tu ser interior**.

Muchas personas viven con una apariencia completa, pero con **partes de sí mismas ausentes**. Su alegría se fragmenta. Su identidad se dispersa. Están atrapadas en zonas temporales emocionales; una parte de ellas está atrapada en un pasado doloroso, mientras el cuerpo sigue envejeciendo.

Estos son **fragmentos del alma**: partes de tu ser emocional, psicológico y espiritual que se desprendieron debido a un trauma, una interferencia demoníaca o una manipulación de brujería.

Hasta que esas piezas sean reunidas, sanadas y reintegradas a través de Jesús, **la verdadera libertad seguirá siendo esquiva**.

Prácticas globales de robo de almas

- **África** – Brujos que capturan la "esencia" de las personas en frascos o espejos.
- **Asia** – Rituales de atrapamiento del alma por parte de gurús o practicantes tántricos.
- **América Latina** – División del alma chamánica para control o maldiciones.
- **Europa** – Magia de espejo oculta utilizada para fracturar la identidad o robar favores.
- **América del Norte** – El trauma causado por el abuso sexual, el

aborto o la confusión de identidad a menudo crea profundas heridas en el alma y fragmentación.

Historia: *La niña que no podía sentir*

Andrea, una española de 25 años, había sufrido años de abuso sexual por parte de un familiar. Aunque había aceptado a Jesús, permanecía emocionalmente insensible. No podía llorar, amar ni sentir empatía.

Un ministro visitante le hizo una pregunta extraña: "¿Dónde dejaste tu alegría?". Mientras Andrea cerraba los ojos, recordó tener 9 años, acurrucada en un armario, diciéndose a sí misma: "Nunca volveré a sentir".

Oraron juntos. Andrea perdonó, renunció a sus votos íntimos e invitó a Jesús a ese recuerdo específico. Lloró desconsoladamente por primera vez en años. Ese día, **su alma fue restaurada**.

Plan de Acción – Recuperación y Sanación del Alma

1. Pregúntale al Espíritu Santo: *¿Dónde perdí parte de mí?*
2. Perdona a cualquiera que haya estado involucrado en ese momento y **renuncia a votos internos** como "Nunca volveré a confiar".
3. Invita a Jesús a la memoria y habla sanación en ese momento.
4. Ora: «*Señor, restaura mi alma. Invoco cada parte de mí para que regrese y sea sanada*».

Escrituras clave:

- Salmo 23:3 – Él restaura el alma
- Lucas 4:18 – Sanando a los quebrantados de corazón
- 1 Tesalonicenses 5:23 – Espíritu, alma y cuerpo preservados
- Jeremías 30:17 – Sanidad para los marginados y las heridas

Solicitud de grupo

- Guíe a los miembros a través de una **sesión guiada de oración de sanación interior**.
- Pregunta: *¿Hay momentos en tu vida en los que dejaste de confiar, sentir o soñar?*

- Juegue a "regresar a esa habitación" con Jesús y observar cómo Él sana la herida.
- Pida a líderes de confianza que impongan suavemente las manos sobre las cabezas y declaren la restauración del alma.

Herramientas del ministerio: Música de adoración, iluminación suave, pañuelos de papel, sugerencias para escribir un diario.

Visión clave

La liberación no es solo expulsar demonios. Es **recuperar lo roto y restaurar la identidad** .

Diario de reflexión

- ¿Qué acontecimientos traumáticos aún controlan cómo pienso o siento hoy?
- ¿Alguna vez dije: "Nunca volveré a amar" o "Ya no puedo confiar en nadie"?
- ¿Qué significa para mí la "plenitud"? ¿Estoy preparado para ella?

ORACIÓN DE RESTAURACIÓN

Jesús, eres el Pastor de mi alma. Te traigo a cada lugar donde he sido destrozado: por el miedo, la vergüenza, el dolor o la traición. Rompo cada voto interior y maldición pronunciada en el trauma. Perdono a quienes me hirieron. Ahora, invoco a cada parte de mi alma para que regrese. Restáurame por completo: espíritu, alma y cuerpo. No estoy roto para siempre. Estoy completo en Ti. En el nombre de Jesús. Amén.

DÍA 25: LA MALDICIÓN DE LOS NIÑOS EXTRAÑOS — CUANDO LOS DESTINOS SE INTERCAMBIAN AL NACER

"*Sus hijos son hijos extraños; ahora un mes los consumirá con sus porciones.*" — Oseas 5:7

"*Antes que te formase en el vientre te conocí...*" — Jeremías 1:5

No todos los niños que nacen en un hogar están destinados a él.

No todos los niños que llevan tu ADN llevan tu legado.

El enemigo ha usado durante mucho tiempo **el nacimiento como un campo de batalla** : intercambiando destinos, plantando descendencia falsa, iniciando a los bebés en pactos oscuros y manipulando úteros incluso antes de que comience la concepción.

No se trata solo de un asunto físico. Es **una transacción espiritual** que implica altares, sacrificios y legalidades demoníacas.

¿Qué son los niños extraños?

Los "niños extraños" son:

- Niños nacidos a través de dedicación oculta, rituales o pactos sexuales.
- Los descendientes son intercambiados al nacer (ya sea espiritual o físicamente).
- Hijos que transmiten oscuras responsabilidades a una familia o linaje.
- Almas capturadas en el útero a través de brujería, nigromancia o altares generacionales.

Muchos niños crecen en la rebelión, la adicción, el odio hacia sus padres o hacia sí mismos, no sólo por una mala crianza sino por **quién los reclamó espiritualmente al nacer**.

EXPRESIONES GLOBALES

- **África** – Intercambios espirituales en hospitales, contaminación del útero por espíritus marinos o sexo ritual.
- **India** – Niños iniciados en templos o destinos basados en el karma antes del nacimiento.
- **Haití y América Latina** – Dedicaciones de santería, niños concebidos en altares o después de hechizos.
- **Naciones occidentales**: prácticas de FIV y gestación subrogada a veces vinculadas a contratos ocultos o linajes de donantes; abortos que dejan abiertas puertas espirituales.
- **Culturas indígenas en todo el mundo**: ceremonias de nombramiento de espíritus o transferencias totémicas de identidad.

Historia: *El bebé con el espíritu equivocado*

Clara, enfermera de Uganda, compartió cómo una mujer llevó a su recién nacido a una reunión de oración. El niño lloraba constantemente, rechazaba la leche y reaccionaba violentamente a la oración.

Una palabra profética reveló que el bebé había sido "intercambiado" espiritualmente al nacer. La madre confesó que un brujo había rezado sobre su vientre mientras ansiaba un hijo.

Gracias al arrepentimiento y a intensas oraciones de liberación, el bebé se relajó y luego recuperó la paz. Posteriormente, el niño prosperó, mostrando signos de paz y desarrollo restaurados.

No todas las aflicciones en los niños son naturales. Algunas son **inherentes a la concepción**.

Plan de Acción – Recuperando el Destino del Útero

1. Si eres padre, **dedica nuevamente tu hijo a Jesucristo**.

2. Renuncia a cualquier maldición, dedicatoria o pacto prenatal, incluso los hechos sin saberlo por tus antepasados.
3. Habla directamente al espíritu de tu hijo en oración: «*Perteneces a Dios. Tu destino ha sido restaurado*».
4. Si no tienes hijos, reza sobre tu vientre, rechazando toda forma de manipulación o alteración espiritual.

Escrituras clave:

- Oseas 9:11–16 – Juicio sobre la descendencia extraña
- Isaías 49:25 – Luchando por tus hijos
- Lucas 1:41 – Niños llenos del Espíritu desde el vientre materno
- Salmo 139:13–16 – El diseño intencional de Dios en el vientre materno

Compromiso grupal

- Pida a los padres que traigan nombres o fotografías de sus hijos.
- Declara sobre cada nombre: «La identidad de tu hijo ha sido restaurada. Toda mano extraña ha sido cortada».
- Oremos por la limpieza espiritual del útero de todas las mujeres (y de los hombres como portadores espirituales de la semilla).
- Utilice la comunión para simbolizar la recuperación del destino del linaje.

Herramientas del ministerio: Comunión, aceite de unción, nombres impresos o artículos para bebés (opcional).

Visión clave

Satanás ataca el vientre materno porque **allí se forman profetas, guerreros y destinos**. Pero todo niño puede ser rescatado por medio de Cristo.

Diario de reflexión

- ¿Alguna vez he tenido sueños extraños durante el embarazo o después del parto?
- ¿Mis hijos están luchando de maneras que parecen antinaturales?

- ¿Estoy preparado para afrontar los orígenes espirituales de la rebelión o el retraso generacional?

Oración de Reclamación

Padre, traigo mi vientre, mi descendencia y mis hijos a tu altar. Me arrepiento de cualquier puerta, conocida o desconocida, que le dio acceso al enemigo. Rompo toda maldición, dedicación y encargo demoníaco ligado a mis hijos. Hablo sobre ellos: Eres santo, elegido y sellado para la gloria de Dios. Tu destino está redimido. En el nombre de Jesús. Amén.

DÍA 26: ALTARES DE PODER OCULTOS — LIBERÁNDOSE DE LOS PACTOS OCULTOS DE LA ÉLITE

De nuevo, el diablo lo llevó a un monte muy alto y le mostró todos los reinos del mundo y su gloria. «Todo esto te daré», le dijo, «si te inclinas y me adoras». — Mateo 4:8-9

Muchos creen que el poder satánico solo se encuentra en rituales secretos o aldeas oscuras. Pero algunos de los pactos más peligrosos se esconden tras elegantes trajes, clubes de élite e influencia multigeneracional.

Estos son **altares de poder**, formados por juramentos de sangre, iniciaciones, símbolos secretos y promesas verbales que vinculan a individuos, familias e incluso naciones enteras al dominio de Lucifer. Desde la masonería hasta los ritos cabalísticos, desde las iniciaciones estelares orientales hasta las antiguas escuelas de misterios egipcias y babilónicas, prometen iluminación, pero imponen esclavitud.

Conexiones globales

- **Europa y América del Norte**: Masonería, Rosacrucismo, Orden de la Aurora Dorada, Skull & Bones, Bohemian Grove, iniciaciones de la Cábala.
- **África** – Pactos políticos de sangre, pactos entre espíritus ancestrales para obtener poder, alianzas de brujería de alto nivel.
- **Asia**: Sociedades iluminadas, pactos entre espíritus de dragón, dinastías de linajes ligadas a la hechicería antigua.
- **América Latina** – Santería política, protección ritual vinculada a los cárteles, pactos para lograr éxito e inmunidad.
- **Medio Oriente** – Ritos de la antigua Babilonia y Asiria transmitidos con apariencia religiosa o real.

Testimonio – El nieto de un masón encuentra la libertad

Carlos, criado en una familia influyente de Argentina, jamás supo que su abuelo había alcanzado el grado 33 de la masonería. Extrañas manifestaciones plagaron su vida: parálisis del sueño, sabotaje relacional y una constante incapacidad para progresar, por mucho que lo intentara.

Tras asistir a una enseñanza de liberación que expuso los vínculos ocultistas de la élite, confrontó su historia familiar y encontró insignias masónicas y diarios ocultos. Durante un ayuno de medianoche, renunció a todo pacto de sangre y declaró su libertad en Cristo. Esa misma semana, recibió la oportunidad laboral que había esperado durante años.

Los altares de alto nivel crean una oposición de alto nivel, pero la **sangre de Jesús** habla más fuerte que cualquier juramento o ritual.

Plan de Acción – Descubriendo la Logia Oculta

1. **Investigar** : ¿Hay afiliaciones masónicas, esotéricas o secretas en su linaje?
2. **Renunciar a** todo pacto conocido y desconocido utilizando declaraciones basadas en Mateo 10:26-28.
3. **Queme o elimine** cualquier símbolo oculto: pirámides, ojos que todo lo ven, brújulas, obeliscos, anillos o túnicas.
4. **Orar en voz alta** :

Rompo todo acuerdo oculto con sociedades secretas, sectas de la luz y falsas hermandades. Sirvo solo al Señor Jesucristo.

Solicitud de grupo

- Pida a los miembros que escriban sobre cualquier vínculo conocido o sospechoso con la élite ocultista.
- Dirija un **acto simbólico de cortar lazos** : rompiendo papeles, quemando imágenes o ungiendo sus frentes como sello de separación.
- Utilice **el Salmo 2** para declarar la ruptura de las conspiraciones nacionales y familiares contra el ungido del Señor.

Visión clave

El mayor poder de Satanás suele revestirse de secretismo y prestigio. La verdadera libertad comienza cuando expones, renuncias y reemplazas esos altares con adoración y verdad.

Diario de reflexión

- ¿He heredado riqueza, poder u oportunidades que me parecen espiritualmente "extrañas"?
- ¿Existen conexiones secretas en mi ascendencia que he ignorado?
- ¿Cuánto me costará cortar el acceso impío al poder? ¿Estoy dispuesto a hacerlo?

Oración de liberación

Padre, salgo de toda logia, altar y acuerdo oculto, en mi nombre o en nombre de mi linaje. Rompo todo lazo del alma, todo lazo de sangre y todo juramento hecho, consciente o inconscientemente. Jesús, eres mi única Luz, mi única Verdad y mi única protección. Que tu fuego consuma todo vínculo impío con el poder, la influencia o el engaño. Recibo libertad total, en el nombre de Jesús. Amén.

DÍA 27: ALIANZAS IMPROCAS — MASONERÍA, ILLUMINATI E INFILTRACIÓN ESPIRITUAL

"*No tengan nada que ver con las obras infructuosas de las tinieblas, sino más bien denúnciese.*" — Efesios 5:11

"*No pueden beber la copa del Señor y la copa de los demonios a la vez.*" — 1 Corintios 10:21

Existen sociedades secretas y redes globales que se presentan como organizaciones fraternales inofensivas que ofrecen caridad, conexión o iluminación. Pero tras la cortina se esconden juramentos más profundos, rituales de sangre, lazos del alma y capas de doctrina luciferina envueltas en "luz".

La masonería, los Illuminati, la Estrella de Oriente, Skull and Bones y sus redes hermanas no son solo clubes sociales. Son altares de lealtad —algunos con siglos de antigüedad— diseñados para infiltrarse espiritualmente en familias, gobiernos e incluso iglesias.

Huella global

- **América del Norte y Europa** : templos de la masonería, logias del Rito Escocés, Skull & Bones de Yale.
- **África** – Iniciaciones políticas y reales con ritos masónicos, pactos de sangre para protección o poder.
- **Asia** – Escuelas de Cábala enmascaradas como iluminación mística y ritos monásticos secretos.
- **América Latina** – Las órdenes de élite ocultas, la santería se fusionaron con la influencia de la élite y los pactos de sangre.
- **Medio Oriente** – Sociedades secretas de la antigua Babilonia vinculadas a estructuras de poder y al culto a la falsa luz.

ESTAS REDES A MENUDO:

- Exigir sangre o juramentos hablados.
- Utilice símbolos ocultos (brújulas, pirámides, ojos).
- Realizar ceremonias para invocar o dedicar el alma a una orden.
- Otorgar influencia o riqueza a cambio de control espiritual.

Testimonio – La confesión de un obispo

Un obispo de África Oriental confesó ante su iglesia que se había unido a la masonería en un nivel bajo durante la universidad, simplemente por "contactos". Pero a medida que ascendía en la jerarquía, empezó a ver requisitos extraños: un juramento de silencio, ceremonias con vendas y símbolos, y una "luz" que enfriaba su vida de oración. Dejó de soñar. No podía leer las Escrituras.

Tras arrepentirse y denunciar públicamente cada rango y voto, la niebla espiritual se disipó. Hoy, predica a Cristo con valentía, exponiendo lo que una vez hizo. Las cadenas eran invisibles, hasta que se rompieron.

Plan de Acción – Romper con la influencia de la masonería y las sociedades secretas

1. **Identifique** cualquier participación personal o familiar con la masonería, el rosacrucismo, la Cábala, Skull and Bones u órdenes secretas similares.
2. **Renuncia a cada nivel o grado de iniciación**, del 1.º al 33.º o superior, incluyendo todos los rituales, fichas y juramentos. (Puedes encontrar renuncias guiadas de liberación en línea).
3. **Orar con autoridad** :

Rompo todo vínculo de alma, pacto de sangre y juramento hecho a sociedades secretas, por mí o en mi nombre. ¡Reclamo mi alma para Jesucristo!

1. **Destruya objetos simbólicos** : insignias, libros, certificados, anillos o imágenes enmarcadas.
2. **Declarar** la libertad utilizando:
    - *Gálatas 5:1*

- *Salmo 2:1–6*
- *Isaías 28:15–18*

Solicitud de grupo

- Pida al grupo que cierre los ojos y pida al Espíritu Santo que les revele cualquier afiliación secreta o vínculo familiar.
- Renuncia corporativa: realizar una oración para denunciar todo vínculo conocido o desconocido con las órdenes de élite.
- Utilice la comunión para sellar la ruptura y realinear los pactos con Cristo.
- Ungir cabezas y manos — restaurando la claridad de la mente y las obras santas.

Visión clave

Lo que el mundo llama "élite", Dios puede llamarlo una abominación. No toda influencia es santa, ni toda luz es Luz. No existe el secretismo inofensivo cuando se trata de juramentos espirituales.

Diario de reflexión

- ¿He formado parte de órdenes secretas o grupos de iluminación mística o he sentido curiosidad por ellos?
- ¿Hay evidencia de ceguera espiritual, estancamiento o frialdad en mi fe?
- ¿Necesito afrontar la implicación familiar con valentía y gracia?

Oración de Libertad

Señor Jesús, vengo ante ti como la única Luz verdadera. Renuncio a todo vínculo, a todo juramento, a toda falsa luz y a toda orden oculta que me reclame. Rompo con la masonería, las sociedades secretas, las hermandades ancestrales y todo vínculo espiritual ligado a la oscuridad. Declaro que estoy solo bajo la sangre de Jesús: sellado, liberado y libre. Que tu Espíritu queme todo residuo de estos pactos. En el nombre de Jesús, amén.

DÍA 28: KÁBALA, REDES ENERGÉTICAS Y LA ATRACCIÓN DE LA "LUZ" MÍSTICA

"*Porque el mismo Satanás se disfraza de ángel de luz.*" — 2 Corintios 11:14
"*La luz que hay en ustedes es oscuridad; ¡cuán profunda es esa oscuridad!*" — Lucas 11:35

En una era obsesionada con la iluminación espiritual, muchos se sumergen, sin saberlo, en antiguas prácticas cabalísticas, sanación energética y enseñanzas de luz mística arraigadas en doctrinas ocultistas. Estas enseñanzas a menudo se disfrazan de "misticismo cristiano", "sabiduría judía" o "espiritualidad basada en la ciencia", pero provienen de Babilonia, no de Sión.

La Cábala no es solo un sistema filosófico judío; es una matriz espiritual construida sobre códigos secretos, emanaciones divinas (sefirot) y caminos esotéricos. Es el mismo engaño seductor que se esconde tras el tarot, la numerología, los portales del zodíaco y las redes de la Nueva Era.

Muchas celebridades, personas influyentes y magnates de negocios usan hilos rojos, meditan con energía cristalina o siguen el Zohar sin saber que están participando en un sistema invisible de trampa espiritual.

Enredos globales

- **América del Norte** – Centros de Cabalá disfrazados de espacios de bienestar; meditaciones energéticas guiadas.
- **Europa** – La Cábala druídica y el cristianismo esotérico se enseñan en órdenes secretas.
- **África** – Cultos a la prosperidad que mezclan las escrituras con la numerología y portales de energía.
- **Asia** – La sanación de chakras se rebautizó como "activación de luz" alineada con los códigos universales.

- **América Latina** – Santos mezclados con arcángeles cabalísticos en el catolicismo místico.

Ésta es la seducción de la falsa luz: donde el conocimiento se convierte en un dios y la iluminación en una prisión.

Testimonio real: Escapando de la "trampa de la luz"

Marisol, una coach de negocios sudamericana, creyó haber descubierto la verdadera sabiduría a través de la numerología y el "flujo de energía divina" de un mentor cabalístico. Sus sueños se volvieron vívidos, sus visiones, nítidas. ¿Pero su paz? Se fue. ¿Sus relaciones? Se derrumbaron.

Se sentía atormentada por seres sombríos mientras dormía, a pesar de sus oraciones de luz diarias. Una amiga le envió un video del testimonio de una exmística que se encontró con Jesús. Esa noche, Marisol invocó a Jesús. Vio una luz blanca cegadora; no mística, sino pura. La paz regresó. Destruyó sus materiales y comenzó su camino hacia la liberación. Hoy, dirige una plataforma de mentoría cristocéntrica para mujeres atrapadas en el engaño espiritual.

Plan de Acción – Renunciar a la Falsa Iluminación

1. **Audita** tu exposición: ¿Has leído libros místicos, practicado curación energética, seguido horóscopos o usado hilos rojos?
2. **Arrepiéntete** por buscar la luz fuera de Cristo.
3. **Romper lazos** con:
    - Enseñanzas de la Cábala/Zohar
    - Medicina energética o activación lumínica
    - Invocaciones angelicales o decodificación de nombres
    - Geometría sagrada, numerología o "códigos"
4. **Orar en voz alta** :

Jesús, Tú eres la Luz del mundo. Renuncio a toda falsa luz, a toda enseñanza oculta y a toda trampa mística. ¡Regreso a Ti como mi única fuente de verdad!

1. **Escrituras para declarar** :
    - Juan 8:12
    - Deuteronomio 18:10–12
    - Isaías 2:6

- 2 Corintios 11:13–15

Solicitud de grupo

- Pregunte: ¿Usted (o su familia) alguna vez ha participado o ha estado expuesto a la Nueva Era, la numerología, la Cábala o enseñanzas místicas de "luz"?
- Renuncia grupal a la falsa luz y re-dedicación a Jesús como la única Luz.
- Utilice imágenes de sal y luz: entregue a cada participante una pizca de sal y una vela para que declaren: "Soy sal y luz solo en Cristo".

Visión clave

No toda luz es santa. Lo que ilumina fuera de Cristo acabará consumiéndose.

Diario de reflexión

- ¿He buscado conocimiento, poder o sanidad fuera de la Palabra de Dios?
- ¿Qué herramientas o enseñanzas espirituales necesito desechar?
- ¿Hay alguien a quien le he presentado la Nueva Era o prácticas "ligeras" y a quien ahora necesito guiar de regreso?

Oración de liberación

Padre, me desligo de todo espíritu de falsa luz, misticismo y conocimiento secreto. Renuncio a la Cábala, la numerología, la geometría sagrada y todo código oscuro que se haga pasar por luz. Declaro que Jesús es la Luz de mi vida. Me alejo del camino del engaño y entro en la verdad. Purifícame con tu fuego y lléname del Espíritu Santo. En el nombre de Jesús. Amén.

DÍA 29: EL VELO DE LOS ILLUMINATI — DESENMASCARANDO LAS REDES OCULTAS DE LA ÉLITE

"*Los reyes de la tierra se alzan, y los gobernantes se juntan contra el Señor y contra su Ungido.*" — Salmo 2:2

"*No hay nada oculto que no haya de ser revelado, ni secreto que no haya de salir a la luz.*" — Lucas 8:17

Hay un mundo dentro de nuestro mundo. Oculto a simple vista.

Desde Hollywood hasta las altas finanzas, desde los círculos políticos hasta los imperios musicales, una red de alianzas oscuras y contratos espirituales gobierna sistemas que moldean la cultura, el pensamiento y el poder. Es más que una conspiración: es una rebelión ancestral adaptada al escenario moderno.

Los Illuminati, en esencia, no son simplemente una sociedad secreta, sino una agenda luciferina. Una pirámide espiritual donde quienes están en la cima juran lealtad mediante sangre, rituales e intercambio de almas, a menudo envueltos en símbolos, moda y cultura pop para condicionar a las masas.

No se trata de paranoia. Se trata de concientización.

HISTORIA REAL: UN VIAJE de la fama a la fe

Marcus era un productor musical en ascenso en Estados Unidos. Cuando su tercer gran éxito arrasó en las listas de éxitos, conoció a un club exclusivo: hombres y mujeres poderosos, mentores espirituales y contratos sumidos en el secretismo. Al principio, parecía una mentoría de élite. Luego vinieron las sesiones de "invocación": salas oscuras, luces rojas, cánticos y rituales de espejo. Empezó a experimentar viajes extracorpóreos, voces que le susurraban canciones por la noche.

Una noche, bajo la influencia de drogas y tormento, intentó quitarse la vida. Pero Jesús intervino. La intercesión de una abuela que oraba lo obligó a huir, renunció al sistema y emprendió un largo camino de liberación. Hoy, expone la oscuridad de la industria a través de música que da testimonio de la luz.

SISTEMAS OCULTOS DE control

- **Sacrificios de sangre y rituales sexuales**: la iniciación en el poder requiere intercambio: cuerpo, sangre o inocencia.
- **Programación Mental (patrones MK Ultra)**: se utiliza en los medios, la música y la política para crear identidades fracturadas y controladores.
- **Simbolismo**: ojos piramidales, fénix, suelos de tablero de ajedrez, búhos y estrellas invertidas: portales de lealtad.
- **Doctrina Luciferina** – "Haz lo que quieras", "Conviértete en tu propio dios", " Iluminación portadora de luz ".

Plan de acción: Liberarse de las redes de élite

1. **Arrepiéntete** por participar en cualquier sistema ligado al empoderamiento oculto, incluso sin saberlo (música, medios de comunicación, contratos).
2. **Renuncia** a toda costa a la fama, a los pactos ocultos o a la fascinación por los estilos de vida de élite.
3. **Ora por** cada contrato, marca o red de la que formes parte. Pide al Espíritu Santo que exponga los vínculos ocultos.
4. **Declarar en voz alta**:

Rechazo todo sistema, juramento y símbolo de la oscuridad. Pertenezco al Reino de la Luz. ¡Mi alma no está en venta!

1. **Escrituras de anclaje**:
    - Isaías 28:15–18 – El pacto con la muerte no se mantendrá
    - Salmo 2 – Dios se ríe de las conspiraciones malvadas

- 1 Corintios 2:6-8 – Los gobernantes de este siglo no entienden la sabiduría de Dios.

SOLICITUD DE GRUPO

- Dirija al grupo en una sesión **de limpieza de símbolos** : traiga imágenes o logotipos sobre los que los participantes tengan preguntas.
- Incentive a las personas a compartir dónde han visto carteles Illuminati en la cultura pop y cómo esto influyó en sus puntos de vista.
- Invita a los participantes a **volver a comprometer su influencia** (música, moda, medios de comunicación) al propósito de Cristo.

Visión clave

El engaño más poderoso es el que se esconde tras el glamour. Pero cuando se quita la máscara, las cadenas se rompen.

Diario de reflexión

- ¿Me siento atraído por símbolos o movimientos que no comprendo del todo?
- ¿He hecho votos o acuerdos en busca de influencia o fama?
- ¿Qué parte de mi don o plataforma necesito entregarle nuevamente a Dios?

Oración de Libertad

Padre, rechazo toda estructura oculta, juramento e influencia de los Illuminati y la élite ocultista. Renuncio a la fama sin Ti, al poder sin propósito y al conocimiento sin el Espíritu Santo. Cancelo todo pacto de sangre o palabra hecho sobre mí, consciente o inconscientemente. Jesús, te entronizo como Señor de mi mente, dones y destino. Expone y destruye toda cadena invisible. En tu nombre me levanto y camino en la luz. Amén.

DÍA 30: LAS ESCUELAS DE MISTERIOS — SECRETOS ANTIGUOS, ESCLAVITUD MODERNA

"*Sus gargantas son sepulcros abiertos; sus lenguas traman engaño. Veneno de víboras hay en sus labios.*" — Romanos 3:13

"*No llamen conspiración a todo lo que este pueblo llama conspiración; no teman lo que ellos temen... El Señor Todopoderoso es a quien deben considerar santo...*" — Isaías 8:12-13

Mucho antes de los Illuminati, existían las antiguas escuelas de misterio —Egipto, Babilonia, Grecia, Persia— diseñadas no solo para transmitir el "conocimiento", sino también para despertar poderes sobrenaturales mediante rituales oscuros. Hoy, estas escuelas resurge en universidades de élite, retiros espirituales, campamentos de "concienciación", incluso a través de cursos de formación en línea disfrazados de desarrollo personal o despertar de la conciencia superior.

Desde los círculos de la Cábala hasta la Teosofía, las Órdenes Herméticas y el Rosacrucismo, el objetivo es el mismo: "convertirse en dioses", despertando el poder latente sin la entrega a Dios. Los cantos ocultos, la geometría sagrada, la proyección astral, el desbloqueo de la glándula pineal y los rituales ceremoniales llevan a muchos a la esclavitud espiritual bajo el disfraz de la "luz".

Pero toda luz que no esté arraigada en Jesús es una luz falsa. Y todo juramento oculto debe romperse.

Historia real: De experto a abandonado

Sandra*, coach de bienestar sudafricana, se inició en una orden mística egipcia a través de un programa de mentoría. La formación incluyó alineaciones de chakras, meditaciones solares, rituales lunares y antiguos pergaminos de sabiduría. Empezó a experimentar "descargas" y "ascensiones", pero pronto se transformaron en ataques de pánico, parálisis del sueño y episodios suicidas.

Cuando un ministro de liberación expuso la fuente, Sandra se dio cuenta de que su alma estaba atada a votos y contratos espirituales. Renunciar a la orden significó perder ingresos y contactos, pero logró su libertad. Hoy dirige un centro de sanación centrado en Cristo, advirtiendo a otros sobre el engaño de la Nueva Era.

Hilos comunes de las escuelas de misterio en la actualidad

- **Círculos de Cábala** : misticismo judío mezclado con numerología, adoración a los ángeles y planos astrales.
- **Hermetismo** – Doctrina "Como es arriba, es abajo"; que otorga al alma el poder de manipular la realidad.
- **Rosacruces** – Órdenes secretas vinculadas a la transformación alquímica y la ascensión espiritual.
- **Masonería y Fraternidades Esotéricas** : Progresión en capas hacia la luz oculta; cada grado unido por juramentos y rituales.
- **Retiros espirituales** – Ceremonias psicodélicas de "iluminación" con chamanes o "guías".

Plan de Acción – Rompiendo los Yugos Antiguos

1. **Renunciar** a todos los pactos hechos a través de iniciaciones, cursos o contratos espirituales fuera de Cristo.
2. **Cancela** el poder de toda fuente de "luz" o "energía" que no esté arraigada en el Espíritu Santo.
3. **Limpia** tu hogar de símbolos: ankhs, ojo de Horus, geometría sagrada, altares, incienso, estatuas o libros rituales.
4. **Declarar en voz alta** :

Rechazo todo camino antiguo y moderno hacia la falsa luz. Me someto a Jesucristo, la Luz verdadera. Todo juramento secreto queda roto por su sangre.

ESCRITURAS DE ANCLAJE

- Colosenses 2:8 – Ninguna filosofía hueca y engañosa

- Juan 1:4–5 – La luz verdadera brilla en las tinieblas
- 1 Corintios 1:19-20 – Dios destruye la sabiduría de los sabios

SOLICITUD DE GRUPO

- Organice una noche simbólica de "quema de pergaminos" (Hechos 19:19), donde los miembros del grupo traigan y destruyan cualquier libro, joya o artículo ocultista.
- Oremos por las personas que han "descargado" conocimientos extraños o han abierto los chakras del tercer ojo a través de la meditación.
- Guíe a los participantes a través de una oración **de "transferencia de luz"**, pidiéndole al Espíritu Santo que se haga cargo de cada área previamente entregada a la luz oculta.

VISIÓN CLAVE

Dios no esconde la verdad con acertijos ni rituales; la revela a través de su Hijo. Cuídate de la «luz» que te arrastra a la oscuridad.

DIARIO DE REFLEXIÓN

- ¿Me he unido a alguna escuela física o en línea que promete sabiduría antigua, activación o poderes misteriosos?
- ¿Hay libros, símbolos o rituales que alguna vez pensé que eran inofensivos pero que ahora me hacen sentir culpable por ellos?
- ¿Dónde he buscado más la experiencia espiritual que la relación con Dios?

Oración de liberación

Señor Jesús, Tú eres el Camino, la Verdad y la Luz. Me arrepiento de cada camino que tomé sin seguir tu Palabra. Renuncio a todas las escuelas de misterios, órdenes secretas, juramentos e iniciaciones. Rompo los lazos del alma con todos los guías, maestros, espíritus y sistemas arraigados en antiguos engaños. Ilumina cada rincón de mi corazón con tu luz y lléname con la verdad de tu Espíritu. En el nombre de Jesús, camino libre. Amén.

DÍA 31: KÁBALA, GEOMETRÍA SAGRADA Y ENGAÑO DE LA LUZ DE ÉLITE

"*Porque el mismo Satanás se disfraza como ángel de luz.*" — 2 Corintios 11:14

"*Las cosas secretas pertenecen al Señor nuestro Dios, pero las cosas reveladas nos pertenecen a nosotros...*" — Deuteronomio 29:29

En nuestra búsqueda del conocimiento espiritual, existe un peligro: la tentación de la «sabiduría oculta» que promete poder, luz y divinidad aparte de Cristo. Desde círculos de celebridades hasta logias secretas, desde el arte hasta la arquitectura, un patrón de engaño se extiende por todo el mundo, atrayendo a los buscadores a la red esotérica de **la Cábala**, **la geometría sagrada** y **las enseñanzas mistéricas**.

Estas no son exploraciones intelectuales inofensivas. Son puertas de entrada a pactos espirituales con ángeles caídos disfrazados de luz.

MANIFESTACIONES GLOBALES

- **Hollywood y la industria musical**: Muchas celebridades usan abiertamente pulseras de Cábala o se tatúan símbolos sagrados (como el Árbol de la Vida) que se remontan al misticismo judío ocultista.
- **Moda y arquitectura**: los diseños masónicos y los patrones geométricos sagrados (la Flor de la Vida, los hexagramas, el Ojo de Horus) están integrados en la ropa, los edificios y el arte digital.
- **Medio Oriente y Europa** – Los centros de estudio de la Cábala prosperan entre las élites, a menudo mezclando el misticismo con la

numerología, la astrología y las invocaciones angelicales.
- **Círculos en línea y de la Nueva Era en todo el mundo** : YouTube, TikTok y podcasts normalizan las enseñanzas de los "códigos de luz", los "portales de energía", las "vibraciones 3-6-9" y la "matriz divina" basadas en la geometría sagrada y los marcos cabalísticos.

Historia real: Cuando la luz se convierte en mentira

Jana, una sueca de 27 años, comenzó a explorar la Cábala tras seguir a su cantante favorito, quien le atribuyó su "despertar creativo". Compró la pulsera de hilo rojo, empezó a meditar con mandalas geométricos y estudió los nombres de los ángeles en antiguos textos hebreos.

Todo empezó a cambiar. Sus sueños se volvieron extraños. Sentía seres a su lado mientras dormía, susurrándole sabiduría… y luego exigiéndole sangre. Las sombras la seguían, pero ella ansiaba más luz.

Finalmente, se topó con un video de liberación en línea y se dio cuenta de que su tormento no era la ascensión espiritual, sino el engaño espiritual. Tras seis meses de sesiones de liberación, ayuno y la quema de todos los objetos cabalísticos de su casa, la paz comenzó a regresar. Ahora advierte a otros a través de su blog: «La falsa luz casi me destruye».

DISCERNIENDO EL CAMINO

La Cábala, aunque a veces se viste con ropajes religiosos, rechaza a Jesucristo como el único camino hacia Dios. A menudo eleva el **"ser divino"** , promueve **la canalización** y **la ascensión al árbol de la vida** , y utiliza **el misticismo matemático** para invocar poder. Estas prácticas abren **puertas espirituales** , no al cielo, sino a entidades que se hacen pasar por portadores de luz.

Muchas doctrinas cabalísticas se cruzan con:

- masonería
- Rosacrucismo
- Gnosticismo
- cultos de la iluminación luciferina

¿El denominador común? La búsqueda de la divinidad sin Cristo.
Plan de acción: Exponer y desalojar la luz falsa

1. **Arrepiéntete** de todo compromiso con la Cábala, la numerología, la geometría sagrada o las enseñanzas de las "escuelas de misterios".
2. en tu casa **objetos vinculados con estas prácticas: mandalas, altares, textos de Cábala, rejillas de cristal, joyas con símbolos sagrados.**
3. **Renuncia a los espíritus de luz falsa** (por ejemplo, Metatrón, Raziel, Shekinah en forma mística) y ordena a todo ángel falso que se vaya.
4. **Sumérgete** en la sencillez y suficiencia de Cristo (2 Corintios 11:3).
5. **Ayuna y ungete** tus ojos, frente y manos, renunciando a toda sabiduría falsa y declarando tu lealtad solo a Dios.

Solicitud de grupo

- Comparte cualquier encuentro con "enseñanzas de luz", numerología, medios de la Cábala o símbolos sagrados.
- Como grupo, enumeren frases o creencias que suenen "espirituales" pero que se oponen a Cristo (por ejemplo, "Soy divino", "el universo provee", "conciencia crística").
- Unge a cada persona con aceite mientras declaras Juan 8:12: *"Jesús es la luz del mundo".*
- Queme o deseche cualquier material u objeto que haga referencia a la geometría sagrada, el misticismo o los "códigos divinos".

VISIÓN CLAVE

Satanás no viene primero como destructor. A menudo viene como iluminador, ofreciendo conocimiento secreto y luz falsa. Pero esa luz solo conduce a una oscuridad más profunda.

Diario de reflexión

- ¿He abierto mi espíritu a alguna "luz espiritual" que pasó por alto a Cristo?
- ¿Hay símbolos, frases u objetos que pensé que eran inofensivos pero que ahora reconozco como portales?
- ¿He elevado la sabiduría personal por encima de la verdad bíblica?

Oración de liberación

Padre, renuncio a toda luz falsa, enseñanza mística y conocimiento secreto que ha enredado mi alma. Confieso que solo Jesucristo es la verdadera Luz del mundo. Rechazo la Cábala, la geometría sagrada, la numerología y toda doctrina demoníaca. Que todo espíritu falso sea arrancado de mi vida. Limpia mis ojos, mis pensamientos, mi imaginación y mi espíritu. Soy solo tuyo: espíritu, alma y cuerpo. En el nombre de Jesús. Amén.

DÍA 32: EL ESPÍRITU DE LA SERPIENTE INTERIOR — CUANDO LA LIBERACIÓN LLEGA DEMASIADO TARDE

T*ienen los ojos llenos de adulterio... seducen a almas inconstantes... han seguido el camino de Balaam... para quien está reservada la oscuridad de las tinieblas para siempre.* — 2 Pedro 2:14-17

«No se dejen engañar: Dios no puede ser burlado. Cada uno cosecha lo que siembra.» — Gálatas 6:7

Existe una falsificación demoníaca que se presenta como iluminación. Sana, energiza y empodera, pero solo por un tiempo. Susurra misterios divinos, abre tu "tercer ojo", libera poder en la columna vertebral y luego **te esclaviza en el tormento**.

Es **Kundalini**.

El **espíritu de la serpiente**.

El falso «espíritu santo» de la Nueva Era.

Una vez activada —mediante yoga, meditación, psicodélicos, traumas o rituales ocultistas—, esta fuerza se enrosca en la base de la columna vertebral y asciende como fuego por los chakras. Muchos creen que es un despertar espiritual. En realidad, es **posesión demoníaca** disfrazada de energía divina.

¿Pero qué pasa cuando **no desaparece**?

Historia real: "No puedo apagarlo"

Marissa, una joven cristiana de Canadá, había incursionado en el yoga cristiano antes de entregar su vida a Cristo. Amaba las sensaciones de paz, las vibraciones y las visiones de luz. Pero después de una intensa sesión en la que sintió que su columna se encendía, perdió el conocimiento y despertó sin poder respirar. Esa noche, algo comenzó **a atormentarla mientras dormía**

, retorciéndole el cuerpo, apareciendo como "Jesús" en sus sueños, pero burlándose de ella.

Recibió **liberación** cinco veces. Los espíritus se iban, pero regresaban. Su columna aún vibraba. Sus ojos veían constantemente el reino espiritual. Su cuerpo se movía involuntariamente. A pesar de la salvación, ahora atravesaba un infierno que pocos cristianos entendían. Su espíritu estaba a salvo, pero su alma estaba **violada, agrietada y fragmentada** .

Las secuelas de las que nadie habla

- **Los terceros ojos permanecen abiertos** : Visiones constantes, alucinaciones, ruido espiritual, "ángeles" diciendo mentiras.
- **El cuerpo no deja de vibrar** : Energía incontrolable, presión en el cráneo, palpitaciones del corazón.
- **Tormento implacable** : incluso después de más de 10 sesiones de liberación.
- **Aislamiento** : Los pastores no comprenden. Las iglesias ignoran el problema. La persona es etiquetada como "inestable".
- **Miedo al infierno** : No por el pecado, sino por el tormento que se niega a terminar.

¿Pueden los cristianos llegar a un punto sin retorno?

Sí, en esta vida. Puedes ser **salvo** , pero tan fragmentado que **tu alma estará en tormento hasta la muerte** .

Esto no es alarmismo. Es una **advertencia profética** .

Ejemplos globales

- **África** – Falsos profetas liberan el fuego Kundalini durante los servicios: la gente convulsiona, echa espumarajos, ríe o ruge.
- **Asia** – Maestros de yoga que ascienden al "siddhi" (posesión demoníaca) y lo llaman conciencia de dios .
- **Europa/Norteamérica** – Movimientos neocarismáticos que canalizan "reinos de gloria", ladrando, riendo, cayendo incontrolablemente; no de Dios.
- **América Latina** – Despertares chamánicos que utilizan ayahuasca

(drogas vegetales) para abrir puertas espirituales que no pueden cerrar.

PLAN DE ACCIÓN: SI has ido demasiado lejos

1. **Confiesa el portal exacto** : Kundalini yoga, meditaciones del tercer ojo, iglesias de la nueva era, psicodélicos, etc.
2. **Deja de perseguir la liberación** : algunos espíritus atormentan por más tiempo cuando continúas dándoles poder con el miedo.
3. **Afróntate en las Escrituras** DIARIAMENTE, especialmente en el Salmo 119, Isaías 61 y Juan 1. Estos renuevan el alma.
4. **Someterse a la comunidad** : Encuentra al menos un creyente lleno del Espíritu Santo con quien caminar. El aislamiento fortalece a los demonios.
5. **Renuncia a toda "visión", fuego, conocimiento y energía espiritual** , incluso si te parece sagrada.
6. **Pídele misericordia a Dios** — No una sola vez. A diario. A cada hora. Persiste. Puede que Dios no te la quite al instante, pero te sostendrá.

SOLICITUD DE GRUPO

- Dedica un momento de reflexión en silencio. Pregúntate: ¿He priorizado el poder espiritual sobre la pureza espiritual?
- Oren por quienes sufren un tormento constante. No prometan libertad instantánea, sino **discipulado** .
- Enseñe la diferencia entre el **fruto del Espíritu** (Gálatas 5:22-23) y **las manifestaciones anímicas** (sacudidas, calor, visiones).
- Quema o destruye todo objeto de la nueva era: símbolos de los chakras, cristales, colchonetas de yoga, libros, aceites, "tarjetas de Jesús".

Visión clave

Hay una **línea** que se puede cruzar: cuando el alma se convierte en una puerta abierta y se niega a cerrarse. Tu espíritu puede salvarse... pero tu alma y tu cuerpo pueden seguir viviendo en tormento si has sido contaminado por la luz oculta.

Diario de reflexión

- ¿Alguna vez busqué el poder, el fuego o la visión profética más que la santidad y la verdad?
- ¿He abierto puertas a través de prácticas de la nueva era "cristianizadas"?
- ¿Estoy dispuesto a **caminar diariamente** con Dios incluso si la liberación completa toma años?

Oración de supervivencia

Padre, clamo por misericordia. Renuncio a todo espíritu de serpiente, poder kundalini, apertura del tercer ojo, fuego falso o falsificación de la nueva era que haya tocado. Te entrego mi alma, fracturada como está. Jesús, líbrame no solo del pecado, sino del tormento. Sella mis puertas. Sana mi mente. Cierra mis ojos. Aplasta la serpiente en mi columna. Te espero, incluso en el dolor. Y no me rendiré. En el nombre de Jesús. Amén.

DÍA 33: EL ESPÍRITU DE LA SERPIENTE INTERIOR — CUANDO LA LIBERACIÓN LLEGA DEMASIADO TARDE

Tienen los ojos llenos de adulterio... seducen a almas inconstantes... han seguido el camino de Balaam... para quien está reservada la oscuridad de las tinieblas para siempre. — 2 Pedro 2:14-17

«No se dejen engañar: Dios no puede ser burlado. Cada uno cosecha lo que siembra.» — Gálatas 6:7

Existe una falsificación demoníaca que se presenta como iluminación. Sana, energiza y empodera, pero solo por un tiempo. Susurra misterios divinos, abre tu "tercer ojo", libera poder en la columna vertebral y luego **te esclaviza en el tormento**.

Es **Kundalini**.

El **espíritu de la serpiente**.

El falso «espíritu santo» de la Nueva Era.

Una vez activada —mediante yoga, meditación, psicodélicos, traumas o rituales ocultistas—, esta fuerza se enrosca en la base de la columna vertebral y asciende como fuego por los chakras. Muchos creen que es un despertar espiritual. En realidad, es **posesión demoníaca** disfrazada de energía divina.

¿Pero qué pasa cuando **no desaparece**?

Historia real: "No puedo apagarlo"

Marissa, una joven cristiana de Canadá, había incursionado en el yoga cristiano antes de entregar su vida a Cristo. Amaba las sensaciones de paz, las vibraciones y las visiones de luz. Pero después de una intensa sesión en la que sintió que su columna se encendía, perdió el conocimiento y despertó sin poder respirar. Esa noche, algo comenzó **a atormentarla mientras dormía**

, retorciéndole el cuerpo, apareciendo como "Jesús" en sus sueños, pero burlándose de ella.

Recibió **liberación** cinco veces. Los espíritus se iban, pero regresaban. Su columna aún vibraba. Sus ojos veían constantemente el reino espiritual. Su cuerpo se movía involuntariamente. A pesar de la salvación, ahora atravesaba un infierno que pocos cristianos entendían. Su espíritu estaba a salvo, pero su alma estaba **violada, agrietada y fragmentada** .

Las secuelas de las que nadie habla

- **Los terceros ojos permanecen abiertos** : Visiones constantes, alucinaciones, ruido espiritual, "ángeles" diciendo mentiras.
- **El cuerpo no deja de vibrar** : Energía incontrolable, presión en el cráneo, palpitaciones del corazón.
- **Tormento implacable** : incluso después de más de 10 sesiones de liberación.
- **Aislamiento** : Los pastores no comprenden. Las iglesias ignoran el problema. La persona es etiquetada como "inestable".
- **Miedo al infierno** : No por el pecado, sino por el tormento que se niega a terminar.

¿Pueden los cristianos llegar a un punto sin retorno?

Sí, en esta vida. Puedes ser **salvo** , pero tan fragmentado que **tu alma estará en tormento hasta la muerte** .

Esto no es alarmismo. Es una **advertencia profética** .

Ejemplos globales

- **África** – Falsos profetas liberan el fuego Kundalini durante los servicios: la gente convulsiona, echa espumarajos, ríe o ruge.
- **Asia** – Maestros de yoga que ascienden al "siddhi" (posesión demoníaca) y lo llaman conciencia de dios .
- **Europa/Norteamérica** – Movimientos neocarismáticos que canalizan "reinos de gloria", ladrando, riendo, cayendo incontrolablemente; no de Dios.
- **América Latina** – Despertares chamánicos que utilizan ayahuasca

(drogas vegetales) para abrir puertas espirituales que no pueden cerrar.

Plan de acción: si has ido demasiado lejos

1. **Confiesa el portal exacto** : Kundalini yoga, meditaciones del tercer ojo, iglesias de la nueva era, psicodélicos, etc.
2. **Deja de perseguir la liberación** : algunos espíritus atormentan por más tiempo cuando continúas dándoles poder con el miedo.
3. **Afróntate en las Escrituras** DIARIAMENTE, especialmente en el Salmo 119, Isaías 61 y Juan 1. Estos renuevan el alma.
4. **Someterse a la comunidad** : Encuentra al menos un creyente lleno del Espíritu Santo con quien caminar. El aislamiento fortalece a los demonios.
5. **Renuncia a toda "visión", fuego, conocimiento y energía espiritual** , incluso si te parece sagrada.
6. **Pídele misericordia a Dios** — No una sola vez. A diario. A cada hora. Persiste. Puede que Dios no te la quite al instante, pero te sostendrá.

Solicitud de grupo

- Dedica un momento de reflexión en silencio. Pregúntate: ¿He priorizado el poder espiritual sobre la pureza espiritual?
- Oren por quienes sufren un tormento constante. No prometan libertad instantánea, sino **discipulado** .
- Enseñe la diferencia entre el **fruto del Espíritu** (Gálatas 5:22-23) y **las manifestaciones anímicas** (sacudidas, calor, visiones).
- Quema o destruye todo objeto de la nueva era: símbolos de los chakras, cristales, colchonetas de yoga, libros, aceites, "tarjetas de Jesús".

Visión clave

Hay una **línea** que se puede cruzar: cuando el alma se convierte en una puerta abierta y se niega a cerrarse. Tu espíritu puede salvarse… pero tu alma y tu cuerpo pueden seguir viviendo en tormento si has sido contaminado por la luz oculta.

Diario de reflexión

- ¿Alguna vez busqué el poder, el fuego o la visión profética más que la santidad y la verdad?
- ¿He abierto puertas a través de prácticas de la nueva era "cristianizadas"?
- ¿Estoy dispuesto a **caminar diariamente** con Dios incluso si la liberación completa toma años?

Oración de supervivencia

Padre, clamo por misericordia. Renuncio a todo espíritu de serpiente, poder kundalini, apertura del tercer ojo, fuego falso o falsificación de la nueva era que haya tocado. Te entrego mi alma, fracturada como está. Jesús, líbrame no solo del pecado, sino del tormento. Sella mis puertas. Sana mi mente. Cierra mis ojos. Aplasta la serpiente en mi columna. Te espero, incluso en el dolor. Y no me rendiré. En el nombre de Jesús. Amén.

DÍA 34: MASONES, CÓDIGOS Y MALDICIONES — Cuando la Hermandad se Convierte en Esclavitud

"*No participen en las obras infructuosas de las tinieblas, sino más bien denúncialas.*" — Efesios 5:11

"*No harás pacto con ellas ni con sus dioses.*" — Éxodo 23:32

Las sociedades secretas prometen éxito, conexión y sabiduría ancestral. Ofrecen **juramentos, títulos y secretos** transmitidos de generación en generación "para hombres de bien". Pero lo que la mayoría desconoce es que estas sociedades son **altares de pacto**, a menudo construidos sobre sangre, engaño y lealtad demoníaca.

Desde la masonería hasta la Cábala, desde los rosacruces hasta Skull & Bones, estas organizaciones no son solo clubes. Son **contratos espirituales**, forjados en la oscuridad y sellados con ritos que **maldicen generaciones**.

Algunos se unieron voluntariamente. Otros tenían antepasados que sí lo hicieron.

Sea como sea, la maldición permanece, hasta que se rompa.

Un legado oculto: la historia de Jason

Jason, un exitoso banquero estadounidense, lo tenía todo a su favor: una hermosa familia, riqueza e influencia. Pero por las noches, se despertaba asfixiándose, viendo figuras encapuchadas y oyendo conjuros en sueños. Su abuelo había sido masón de grado 33, y Jason aún llevaba el anillo.

Una vez, en broma, pronunció los votos masónicos en un evento del club, pero en cuanto lo hizo, **algo lo invadió**. Su mente empezó a desmoronarse. Oyó voces. Su esposa lo abandonó. Intentó acabar con todo.

En un retiro, alguien percibió el vínculo masónico. Jason lloró al **renunciar a todo juramento**, rompió el anillo y experimentó la liberación durante tres horas. Esa noche, por primera vez en años, durmió en paz.

¿Su testimonio?

Con los altares secretos no se juega. Hablan —hasta que los haces callar en el nombre de Jesús.

RED GLOBAL DE LA HERMANDAD

- **Europa** – La masonería está profundamente arraigada en los negocios, la política y las denominaciones eclesiásticas.
- **África** – Illuminati y órdenes secretas que ofrecen riquezas a cambio de almas; cultos en las universidades.
- **América Latina** – Infiltración jesuita y ritos masónicos mezclados con misticismo católico.
- **Asia** – Antiguas escuelas de misterios, sacerdocios de templos vinculados a juramentos generacionales.
- **América del Norte** – Estrella del Este, Rito Escocés, fraternidades como Skull & Bones, élites de Bohemian Grove.

Estos cultos a menudo invocan a "Dios", pero no al **Dios de la Biblia** : hacen referencia al **Gran Arquitecto** , una fuerza impersonal ligada a **la luz luciferina** .

Señales de que estás afectado

- Enfermedad crónica que los médicos no pueden explicar.
- Miedo a ascender o miedo a romper con los sistemas familiares.
- Sueños con túnicas, rituales, puertas secretas, logias o ceremonias extrañas.
- Depresión o locura en la línea masculina.
- Mujeres que luchan con la esterilidad, el abuso o el miedo.

Plan de acción de liberación

1. **Renuncie a todos los juramentos conocidos** , especialmente si usted o su familia fueron parte de la masonería, los Rosacruces , la Estrella de Oriente, la Cábala o cualquier "hermandad".

2. **Rompe todos los grados**, desde Aprendiz Ingresado hasta Grado 33, por nombre.
3. **Destruye todos los símbolos**: anillos, delantales, libros, colgantes, certificados, etc.
4. **Cierre la puerta** – espiritual y legalmente a través de la oración y la declaración.

Utilice estas escrituras:

- Isaías 28:18 — "Vuestro pacto con la muerte será anulado."
- Gálatas 3:13 — "Cristo nos redimió de la maldición de la ley."
- Ezequiel 13:20–23 — "Rasgaré sus velos y liberaré a mi pueblo".

Solicitud de grupo

- Pregunte si algún miembro tenía padres o abuelos en sociedades secretas.
- Dirige una **renuncia guiada** a través de todos los grados de la masonería (puedes crear un guión impreso para esto).
- Utilice actos simbólicos: queme un anillo viejo o dibuje una cruz sobre la frente para anular el "tercer ojo" abierto en los rituales.
- Oremos por las mentes, los cuellos y las espaldas: estos son sitios comunes de esclavitud.

Visión clave
La hermandad sin la sangre de Cristo es una hermandad de esclavitud.
Debes elegir: pacto con el hombre o pacto con Dios.
Diario de reflexión

- ¿Alguien en mi familia ha estado involucrado en la masonería, el misticismo o los juramentos secretos?
- ¿He recitado o imitado sin saberlo votos, credos o símbolos vinculados a sociedades secretas?
- ¿Estoy dispuesto a romper la tradición familiar para caminar plenamente en el pacto de Dios?

Oración de Renuncia

Padre, en el nombre de Jesús, renuncio a todo pacto, juramento o ritual vinculado a la masonería, la Cábala o cualquier sociedad secreta, en mi vida o en mi linaje. Rompo todo grado, toda mentira, todo derecho demoníaco otorgado mediante ceremonias o símbolos. Declaro que Jesucristo es mi única Luz, mi único Arquitecto y mi único Señor. Recibo la libertad ahora, en el nombre de Jesús. Amén.

DÍA 35: BRUJAS EN LAS BANCAS — CUANDO EL MAL ENTRA POR LAS PUERTAS DE LA IGLESIA

"Porque estos hombres son falsos apóstoles, obreros fraudulentos, que se disfrazan de apóstoles de Cristo. Y no es de extrañar, pues el mismo Satanás se disfraza de ángel de luz." — 2 Corintios 11:13-14

"Conozco tus obras, tu amor y tu fe... Sin embargo, tengo esto contra ti: que toleras a esa mujer Jezabel, que se dice profetisa..." — Apocalipsis 2:19-20

La bruja más peligrosa no es la que vuela de noche.

Es la que **está sentada a tu lado en la iglesia**.

No visten túnicas negras ni montan en escobas.

Dirigen reuniones de oración. Cantan en grupos de alabanza. Profetizan en lenguas. Pastorean iglesias. Y, sin embargo... son **portadores de tinieblas**.

Algunos saben exactamente lo que hacen: son enviados como asesinos espirituales.

Otros son víctimas de brujería ancestral o rebelión, y operan con dones **impuros**.

La Iglesia como tapadera — La historia de "Miriam"

Miriam era una popular ministra de liberación en una gran iglesia de África Occidental. Su voz ordenaba a los demonios que huyeran. La gente viajaba a través de las naciones para ser ungida por ella.

Pero Miriam tenía un secreto: de noche, viajaba fuera de su cuerpo. Veía los hogares de los miembros de la iglesia, sus debilidades y sus linajes. Pensaba que era lo "profético".

Su poder creció. Pero también su tormento.

Empezó a oír voces. No podía dormir. Sus hijos fueron atacados. Su esposo la abandonó.

Finalmente confesó: había sido "activada" cuando era niña por su abuela, una poderosa bruja que la hacía dormir bajo mantas malditas.
Creí estar lleno del Espíritu Santo. Era un espíritu... pero no santo.
Pasó por una liberación. Pero la guerra nunca se ha detenido. Ella dice:
"Si no hubiera confesado, habría muerto en un altar en el fuego... en la iglesia".

Situaciones globales de brujería oculta en la Iglesia

- **África** – Envidia espiritual. Profetas que utilizan la adivinación, rituales y espíritus del agua. Muchos altares son, en realidad, portales.
- **Europa** – Médiums psíquicos disfrazados de «entrenadores espirituales». Brujería envuelta en cristianismo de la nueva era.
- **Asia** – Sacerdotisas de templos entran a las iglesias para plantar maldiciones y monitorear astralmente a los conversos.
- **América Latina** – Santería – "pastores" practicantes que predican la liberación pero sacrifican pollos por la noche.
- **América del Norte** : brujas cristianas que reivindican "Jesús y el tarot", sanadores energéticos en los escenarios de las iglesias y pastores que participan en ritos de la masonería.

Señales de brujería operando en la iglesia

- Ambiente pesado o confuso durante el culto.
- Sueños con serpientes, sexo o animales después de los servicios.
- Liderazgo que cae en pecado o escándalo repentino.
- "Profecías" que manipulan, seducen o avergüenzan.
- Cualquiera que diga "Dios me dijo que eres mi esposo/esposa".
- Objetos extraños encontrados cerca del púlpito o altares.

PLAN DE ACCIÓN DE LIBERACIÓN

1. **Oremos por discernimiento** : pidamos al Espíritu Santo que nos revele si hay brujas ocultas en nuestra comunidad.
2. **Poned a prueba todo espíritu**, aunque parezca espiritual (1 Juan

4:1).
3. **Romper los lazos del alma** : si alguien impuro ha orado por ti, te ha profetizado o te ha tocado, **renuncia a ello** .
4. **Oremos por nuestra iglesia** : declaremos el fuego de Dios para exponer todo altar oculto, todo pecado secreto y toda sanguijuela espiritual.
5. **Si eres víctima** , busca ayuda. No te quedes callado ni solo.

Solicitud de grupo

- Pregunte a los miembros del grupo: ¿Alguna vez se han sentido incómodos o espiritualmente violados en un servicio religioso?
- Dirija una **oración de limpieza corporativa** para la comunidad.
- Unge a cada persona y declara un **cortafuegos espiritual** alrededor de sus mentes, altares y dones.
- Enseñe a los líderes cómo **evaluar los dones** y **los espíritus** antes de permitir que las personas asuman roles visibles.

Visión clave
No todos los que dicen "Señor, Señor" provienen del Señor.
La iglesia es el **principal campo de batalla** para la contaminación espiritual, pero también el lugar de sanación cuando se defiende la verdad.

Diario de reflexión

- ¿He recibido oraciones, imparticiones o mentoría de alguien cuya vida dio frutos impíos?
- ¿Hubo momentos en los que me sentí "mal" después de la iglesia, pero lo ignoré?
- ¿Estoy dispuesto a enfrentarme a la brujería incluso si usa traje o canta en el escenario?

Oración de Exposición y Libertad
Señor Jesús, te agradezco por ser la Luz verdadera. Te pido ahora que expongas todo agente oculto de la oscuridad que opera en mi vida y mi comunidad. Renuncio a toda enseñanza impía, falsa profecía o atadura del

alma que he recibido de impostores espirituales. Purifícame con tu sangre. Purifica mis dones. Guarda mis puertas. Quema todo espíritu falso con tu fuego santo. En el nombre de Jesús. Amén.

DÍA 36: HECHIZOS CODIFICADOS — CUANDO LAS CANCIONES, LA MODA Y LAS PELÍCULAS SE CONVIERTEN EN PORTALES

"*No participes en las obras infructuosas de las tinieblas, sino más bien, denúncialas.*" — Efesios 5:11

"*No tengas nada que ver con mitos impíos ni cuentos de viejas; más bien, ejercítate para ser piadoso.*" — 1 Timoteo 4:7

No todas las batallas empiezan con un sacrificio de sangre.

Algunas empiezan con un **ritmo**.

Una melodía. Una letra pegadiza que se te queda grabada en el alma. O un **símbolo** en tu ropa que creías "genial".

O un programa "inofensivo" que ves en exceso mientras los demonios sonríen en las sombras.

En el mundo hiperconectado de hoy, la brujería está **codificada** : se esconde a **plena vista** a través de los medios de comunicación, la música, las películas y la moda.

Un sonido oscurecido — Historia real: "Los auriculares"

Elijah, un joven estadounidense de 17 años, empezó a sufrir ataques de pánico, noches de insomnio y pesadillas. Sus padres cristianos pensaron que se debía al estrés.

Pero durante una sesión de liberación, el Espíritu Santo instruyó al equipo a preguntar sobre su **música** .

Confesó: «Escucho trap metal. Sé que es oscuro... pero me ayuda a sentirme poderoso».

Cuando el equipo tocó una de sus canciones favoritas durante la oración, se produjo una **manifestación** .

Los ritmos estaban codificados con **pistas de cánticos** de rituales ocultistas. El enmascaramiento inverso revelaba frases como «somete tu alma» y «Lucifer habla».

Una vez que Elías borró la música, se arrepintió y renunció a la conexión, la paz regresó.

La guerra había entrado por **las puertas de sus oídos** .

Patrones de programación global

- **África** : canciones afrobeat vinculadas a rituales monetarios; referencias al "juju" ocultas en las letras; marcas de moda con símbolos del reino marino.
- **Asia** – K-pop con mensajes subliminales sexuales y de canalización espiritual; personajes de anime impregnados de la tradición demoníaca sintoísta.
- **América Latina** – El reggaetón promueve cánticos de santería y hechizos codificados al revés.
- **Europa** – Casas de moda (Gucci, Balenciaga) que incorporan imágenes y rituales satánicos en la cultura de las pasarelas.
- **América del Norte** : películas de Hollywood que utilizan brujería (Marvel, películas de terror, películas de "luz vs. oscuridad"); dibujos animados que utilizan hechizos como diversión.

Common Entry Portals (and Their Spirit Assignments)

Media Type	Portal	Demonic Assignment
Music	Beats/samples from rituals	Torment, violence, rebellion
TV Series	Magic, lust, murder glorification	Desensitization, soul dulling
Fashion	Symbols (serpent, eye, goat, triangles)	Identity confusion, spiritual binding
Video Games	Sorcery, blood rites, avatars	Astral transfer, addiction, occult alignment
Social Media	Trends on "manifestation," crystals, spells	Sorcery normalization

PLAN DE ACCIÓN – DISCERNIR, Desintoxicar, Defender

1. **Revisa tu lista de reproducción, tu guardarropa y tu historial de reproducción**. Busca contenido ocultista, lujurioso, rebelde o violento.
2. **Pídele al Espíritu Santo que exponga** toda influencia impía.
3. **Borra y destruye**. No vendas ni dones. Quema o tira a la basura cualquier cosa demoníaca, física o digital.
4. **Unge tus dispositivos**, tu habitación y tus oídos. Decláralos santificados para la gloria de Dios.
5. **Reemplace con la verdad**: música de adoración, películas piadosas, libros y lecturas de las Escrituras que renueven su mente.

Solicitud de grupo

- Dirige a los miembros en un "Inventario de Medios". Pide que cada uno anote programas, canciones o elementos que sospeche que puedan ser portales.

- Ora por los teléfonos y auriculares. Úngelos.
- Haz un ayuno desintoxicante en grupo: de 3 a 7 días sin medios seculares. Aliméntate solo de la Palabra de Dios, la adoración y la comunión.
- Testifique los resultados en la próxima reunión.

Visión clave

Los demonios ya no necesitan un santuario para entrar en tu casa. Solo necesitan tu consentimiento para darle al play.

Diario de reflexión

- ¿Qué he visto, oído o usado que podría ser una puerta abierta a la opresión?
- ¿Estoy dispuesto a renunciar a lo que me entretiene si también me esclaviza?
- ¿He normalizado la rebelión, la lujuria, la violencia o la burla en nombre del "arte"?

ORACIÓN DE PURIFICACIÓN

Señor Jesús, vengo ante ti pidiendo una desintoxicación espiritual completa. Revela todo hechizo codificado que he dejado entrar en mi vida a través de la música, la moda, los juegos o los medios de comunicación. Me arrepiento de ver, usar y escuchar lo que te deshonra. Hoy, rompo las ataduras del alma. Expulso todo espíritu de rebelión, brujería, lujuria, confusión o tormento. Limpia mis ojos, oídos y corazón. Ahora te dedico mi cuerpo, mis medios de comunicación y mis decisiones solo a ti. En el nombre de Jesús. Amén.

DÍA 37: LOS ALTARES INVISIBLES DEL PODER — MASONES, CÁBALA Y ÉLITES OCULTAS

De nuevo, el diablo lo llevó a un monte muy alto y le mostró todos los reinos del mundo y su esplendor. «Todo esto te daré», le dijo, «si te inclinas y me adoras». — Mateo 4:8-9

«No pueden beber la copa del Señor y la copa de los demonios a la vez; no pueden participar de la mesa del Señor y de la mesa de los demonios». — 1 Corintios 10:21

Hay altares escondidos no en cuevas, sino en salas de juntas.

Espíritus no sólo en las selvas, sino también en salas de gobierno, torres financieras, bibliotecas de la Ivy League y santuarios disfrazados de "iglesias".

Bienvenidos al reino de la **élite ocultista** :

masones, rosacruces , cabalistas , órdenes jesuitas, estrellas orientales y sacerdocios luciferinos ocultos que **ocultan su devoción a Satanás tras rituales, secretismo y símbolos** . Sus dioses son la razón, el poder y el conocimiento ancestral, pero sus **almas están entregadas a la oscuridad** .

Oculto a simple vista

- **La masonería** se disfraza de fraternidad de constructores, pero sus grados superiores invocan entidades demoníacas, hacen juramentos de muerte y exaltan a Lucifer como "portador de luz".
- **La Cábala** promete acceso místico a Dios, pero reemplaza sutilmente a Yahvé con mapas de energía cósmica y numerología.
- **El misticismo jesuita** , en sus formas corruptas, a menudo mezcla la imaginería católica con la manipulación espiritual y el control de los sistemas mundiales.
- **Hollywood, la moda, las finanzas y la política** transmiten mensajes

codificados, símbolos y **rituales públicos que en realidad son servicios de adoración a Lucifer** .

No hace falta ser famoso para verse afectado. Estos sistemas **contaminan a las naciones** mediante:

- Programación de medios
- Sistemas educativos
- Compromiso religioso
- Dependencia financiera
- Rituales disfrazados de "iniciaciones", "promesas" o "acuerdos de marca"

Historia real: "La Logia arruinó mi linaje"
Solomon (nombre ficticio), un exitoso magnate del Reino Unido, se unió a una logia masónica para establecer contactos. Ascendió rápidamente, ganando riqueza y prestigio. Pero también empezó a tener pesadillas aterradoras: hombres encapuchados que lo invocaban, juramentos de sangre, animales oscuros que lo perseguían. Su hija empezó a cortarse, alegando que una "presencia" la impulsaba a hacerlo.

Una noche, vio a un hombre en su habitación —mitad humano, mitad chacal— que le dijo: «*Eres mío. El precio ya está pagado*». Contactó con un ministerio de liberación. Le tomó **siete meses de renuncia, ayuno, rituales de vómito y reemplazo de toda atadura ocultista** , antes de que llegara la paz.

Más tarde descubrió que **su abuelo era masón de grado 33. Solo había continuado el legado sin saberlo.**

Alcance global

- **África** – Sociedades secretas entre gobernantes tribales, jueces y pastores que juran lealtad mediante juramentos de sangre a cambio de poder.
- **Europa** – Caballeros de Malta, logias iluministas y universidades esotéricas de élite.
- **América del Norte** – Fundaciones masónicas en la mayoría de los documentos fundacionales, estructuras judiciales e incluso iglesias.

- **Asia** – Cultos de dragones ocultos, órdenes ancestrales y grupos políticos arraigados en híbridos de budismo y chamanismo.
- **América Latina** – Cultos sincréticos que mezclan santos católicos con espíritus luciferinos como la Santa Muerte o Baphomet.

Plan de acción: Escapar de los altares de la élite

1. **Renuncie a** cualquier participación en la masonería, la Estrella de Oriente, los juramentos jesuitas, los libros gnósticos o los sistemas místicos, incluso al estudio "académico" de los mismos.
2. **Destruye** insignias, anillos, prendedores, libros, delantales, fotografías y símbolos.
3. **Rompe las maldiciones verbales**, especialmente los juramentos de muerte y los votos de iniciación. Usa Isaías 28:18 ("Tu pacto con la muerte será anulado...").
4. **Ayuno de 3 días** mientras lees Ezequiel 8, Isaías 47 y Apocalipsis 17.
5. **Reemplaza el altar**: Consagra tu vida solo al altar de Cristo (Romanos 12:1-2). Comunión. Adoración. Unción.

No puedes estar en las cortes celestiales y en las de Lucifer al mismo tiempo. Elige tu altar.

Solicitud de grupo

- Identifique las organizaciones de élite más comunes en su región y ore directamente contra su influencia espiritual.
- Celebrar una sesión en la que los miembros puedan confesar confidencialmente si sus familias estuvieron involucradas en la masonería o cultos similares.
- Trae aceite y comunión: lidera una renuncia masiva a juramentos, rituales y sellos hechos en secreto.
- Romper el orgullo: recordarle al grupo: **ningún acceso vale tu alma.**

Visión clave

Las sociedades secretas prometen luz. Pero solo Jesús es la Luz del Mundo. Cualquier otro altar exige sangre, pero no puede salvar.

Diario de reflexión

- ¿Alguien de mi linaje estuvo involucrado en sociedades secretas u "órdenes"?
- ¿He leído o poseído libros ocultistas disfrazados de textos académicos?
- ¿Qué símbolos (pentagramas, ojos que todo lo ven, soles, serpientes, pirámides) están ocultos en mi ropa, arte o joyas?

Oración de Renuncia

Padre, renuncio a toda sociedad secreta, logia, juramento, ritual o altar que no esté fundado en Jesucristo. Rompo los pactos de mis padres, mi linaje y mi propia boca. Rechazo la masonería, la Cábala, el misticismo y todo pacto oculto hecho para obtener poder. Destruyo todo símbolo, todo sello y toda mentira que prometía luz pero me encadenaba. Jesús, te entronizo de nuevo como mi único Maestro. Ilumina cada rincón secreto con tu luz. En tu nombre, camino libre. Amén.

DÍA 38: PACTOS DEL ÚTERO Y REINOS DEL AGUA — CUANDO EL DESTINO SE CONTAMINA ANTES DEL NACIMIENTO

"*Los malvados se apartaron desde la matriz; se descarriaron desde que nacieron, hablando mentiras.*" — Salmo 58:3

"*Antes que te formara en el vientre te conocí, y antes que nacieras te santifiqué...*" — Jeremías 1:5

¿Qué pasaría si las batallas que estás librando no comenzaran con tus elecciones, sino con tu concepción?

¿Qué pasaría si tu nombre fuera pronunciado en lugares oscuros mientras aún estabas en el útero?

¿Qué pasaría si **tu identidad fuera intercambiada**, tu **destino vendido** y tu **alma marcada**, antes de que dieras tu primer aliento?

Ésta es la realidad de **la iniciación submarina**, **los pactos espirituales marinos** y **los reclamos ocultos del útero** que **unen generaciones**, especialmente en regiones con profundos rituales ancestrales y costeros.

El Reino del Agua: El Trono de Satanás Abajo

En el reino invisible, Satanás gobierna **más que solo el aire**. También gobierna **el mundo marino**: una vasta red demoníaca de espíritus, altares y rituales bajo océanos, ríos y lagos.

Los espíritus marinos (comúnmente llamados *Mami Wata*, *Reina de la Costa*, *esposas/maridos espirituales*, etc.) son responsables de:

- Muerte prematura
- Esterilidad y abortos espontáneos
- Ataduras sexuales y sueños
- tormento mental

- Afecciones en los recién nacidos
- Patrones de ascenso y caída de las empresas

Pero ¿cómo consiguen estos espíritus ganar **terreno legal** ?
En el útero.
Iniciaciones invisibles antes del nacimiento

- **Dedicaciones ancestrales** : Un niño "prometido" a una deidad si nace sano.
- **Sacerdotisas ocultas** tocando el útero durante el embarazo.
- **Nombres de pacto** dados por la familia, en honor, sin saberlo, a reinas o espíritus marinos.
- **Rituales de nacimiento** realizados con agua de río, amuletos o hierbas de santuarios.
- **Entierro del cordón umbilical** con encantamientos.
- **Embarazo en ambientes ocultistas** (por ejemplo, logias de masonería, centros de nueva era, cultos polígamos).

Algunos niños nacen ya esclavizados. Por eso gritan con violencia al nacer: su espíritu presiente la oscuridad.
Historia real: "Mi bebé pertenecía al río"
Jessica, de Sierra Leona, llevaba cinco años intentando concebir. Finalmente, se embarazó después de que un "profeta" le diera jabón para bañarse y un aceite para frotarse el vientre. El bebé nació fuerte, pero a los tres meses empezó a llorar sin parar, siempre de noche. Odiaba el agua, gritaba durante los baños y temblaba incontrolablemente cuando lo llevaban cerca del río.

Un día, su hijo sufrió una convulsión y murió durante cuatro minutos. Revivió y, **a los nueve meses, empezó a hablar con palabras completas** : «No pertenezco aquí. Pertenezco a la Reina».

Aterrorizada, Jessica buscó la liberación. El niño solo fue liberado tras catorce días de ayuno y oraciones de renuncia; su esposo tuvo que destruir un ídolo familiar escondido en su aldea para que cesara el tormento.

Los bebés no nacen vacíos. Nacen para las batallas que debemos librar por ellos.

PARALELOS GLOBALES

- **África** – Altares fluviales, dedicatorias de Mami Wata, rituales de placenta.
- **Asia** – Espíritus del agua invocados durante los nacimientos budistas o animistas.
- **Europa** – Pactos de parteras druídicas, ritos de agua ancestrales, dedicaciones masónicas.
- **América Latina** – Nombres de santería, espíritus de los ríos (por ejemplo, Oshun), nacimiento según las cartas astrales.
- **América del Norte** – Rituales de nacimiento de la nueva era, hipnoparto con guías espirituales, "ceremonias de bendición" a cargo de médiums.

Señales de esclavitud iniciada en el útero

- Patrones de aborto espontáneo que se repiten a lo largo de generaciones
- Terrores nocturnos en bebés y niños
- Infertilidad inexplicable a pesar de la autorización médica
- Sueños constantes sobre el agua (océanos, inundaciones, natación, sirenas)
- Miedo irracional al agua o a ahogarse
- Sentirse "reclamado", como si algo estuviera observando desde el nacimiento

---

Plan de acción — Romper el pacto del útero

1. **Pídale al Espíritu Santo** que le revele si usted (o su hijo) fue iniciado a través de rituales uterinos.
2. **Renuncie a** cualquier pacto realizado durante el embarazo, consciente o inconscientemente.
3. **Ore por la historia de su propio nacimiento**; incluso si su madre no

está disponible, hable como el guardián espiritual legal de su vida.
4. **Ayuna con Isaías 49 y Salmo 139** – para recuperar tu plan divino.
5. **Si está embarazada** : Unge tu vientre y habla diariamente sobre tu hijo por nacer:

Estás apartado para el Señor. Ningún espíritu de agua, sangre ni tinieblas te poseerá. Perteneces a Jesucristo: cuerpo, alma y espíritu.

Solicitud de grupo

- Pídeles a los participantes que escriban lo que saben sobre la historia de su nacimiento, incluidos los rituales, las parteras o los eventos de nombramiento.
- Incentive a los padres a dedicar nuevamente a sus hijos en un "Servicio de Nombramiento y Pacto Centrado en Cristo".
- Dirija oraciones rompiendo pactos de agua usando *Isaías 28:18*, *Colosenses 2:14* y *Apocalipsis 12:11* .

Visión clave

El útero es una puerta, y quien lo atraviesa a menudo entra con un bagaje espiritual. Pero ningún altar del útero es más grande que la Cruz.

Diario de reflexión

- ¿Hubo algún objeto, aceite, amuletos o nombres involucrados en mi concepción o nacimiento?
- ¿Experimento ataques espirituales que comenzaron en la infancia?
- ¿He transmitido sin saberlo pactos marinos a mis hijos?

Oración de liberación

Padre Celestial, me conociste antes de mi formación. Hoy rompo todo pacto oculto, ritual de agua y consagración demoníaca realizada antes o durante mi nacimiento. Rechazo toda afirmación de espíritus marinos, espíritus familiares o altares generacionales en el útero. Permite que la sangre de Jesús reescriba la historia de mi nacimiento y la de mis hijos. Nací del Espíritu, no de altares de agua. En el nombre de Jesús. Amén.

DÍA 39: BAUTIZADOS EN AGUA EN ESCLAVITUD — CÓMO LOS BEBÉS, LAS INICIALES Y LOS PACTOS INVISIBLES ABREN PUERTAS

"*Derramaron sangre inocente, la sangre de sus hijos e hijas, a quienes sacrificaron a los ídolos de Canaán, y la tierra fue profanada por su sangre.*" — Salmo 106:38

"*¿Se les quitará el botín a los guerreros, o se rescatarán los cautivos de los fieros?" Pero esto dice el Señor: "Sí, se les quitará cautivos a los guerreros, y se recuperará el botín de los fieros...*" — Isaías 49:24-25

Muchos destinos no sólo se **descarrilaron en la edad adulta**, sino que fueron **secuestrados en la infancia**.

Esa ceremonia aparentemente inocente de nombramiento...

Ese chapuzón casual en el agua del río "para bendecir al niño"...

La moneda en la mano... El corte bajo la lengua... El aceite de una "abuela espiritual"... Incluso las iniciales dadas al nacer...

Todos pueden parecer culturales. Tradicionales. Inofensivos.

Pero el reino de las tinieblas **se esconde en la tradición**, y muchos niños han sido **iniciados en secreto** antes de poder decir "Jesús".

Historia real: "El río me puso nombre"

En Haití, un niño llamado Malick creció con un extraño miedo a los ríos y las tormentas. De pequeño, su abuela lo llevó a un arroyo para que lo "presentara a los espíritus" y lo protegiera. A los 7 años empezó a oír voces. A los 10, sufría apariciones nocturnas. A los 14, intentó suicidarse tras sentir una "presencia" siempre a su lado.

En una reunión de liberación, los demonios se manifestaron violentamente, gritando: "¡Entramos por el río! ¡Nos llamaron por nuestro nombre!". Su nombre, "Malick", había formado parte de una tradición espiritual para "honrar a la reina del río". Hasta que recibió un nuevo nombre en Cristo, el tormento continuó. Ahora ministra en liberación entre jóvenes atrapados en dedicaciones ancestrales.

Cómo sucede: Las trampas ocultas

1. **Iniciales como pactos**
   Algunas iniciales, especialmente aquellas vinculadas a nombres ancestrales, dioses familiares o deidades del agua (por ejemplo, "MM" = Mami/Marino; "OL" = Oya/Linaje Orisha), actúan como firmas demoníacas.
2. **Inmersiones para bebés en ríos o arroyos**
   Realizadas "para protección" o "limpieza", suelen ser **bautismos en espíritus marinos** .
3. **Ceremonias de nombramiento secreto**
   Donde se susurra o se pronuncia otro nombre (distinto del público) ante un altar o santuario.
4. **Rituales de marcas de nacimiento**
   Aceites, cenizas o sangre colocados en la frente o en las extremidades para "marcar" a un niño para los espíritus.
5. **Entierros con cordón umbilical alimentado con agua**
   Cordones umbilicales arrojados a ríos, arroyos o enterrados con encantamientos de agua, atando al niño a altares de agua.

Si tus padres no te hicieron pacto con Cristo, es probable que alguien más te haya reclamado.

Prácticas globales ocultas de unión del útero

- **África** – Nombrar a los bebés en honor a deidades de los ríos y enterrar cordones cerca de altares marinos.
- **Caribe/Latinoamérica** – Rituales de bautismo de santería, dedicatorias al estilo yoruba con hierbas y elementos del río.
- **Asia** – Rituales hindúes que involucran el agua del Ganges, nombres calculados astrológicamente vinculados a espíritus elementales.
- **Europa** – Tradiciones de nombres druídicos o esotéricos que invocan

a los guardianes del bosque y el agua.
- **América del Norte** : dedicatorias rituales nativas, bendiciones modernas de bebés según la Wicca, ceremonias de nombramiento de la nueva era que invocan a "guías antiguos".

¿Cómo lo sé?

- Tormentos inexplicables en la primera infancia, enfermedades o "amigos imaginarios"
- Sueños de ríos, sirenas, ser perseguido por el agua.
- Aversión a las iglesias pero fascinación por las cosas místicas.
- Una profunda sensación de "ser seguido" o vigilado desde el nacimiento
- Descubrir un segundo nombre o una ceremonia desconocida ligada a tu infancia

Plan de Acción – Redimir la Infancia

1. **Pregúntale al Espíritu Santo** : ¿Qué pasó cuando nací? ¿Qué manos espirituales me tocaron?
2. **Renuncia a toda dedicatoria oculta** , incluso si se hace por ignorancia: "Rechazo cualquier pacto hecho en mi nombre que no sea con el Señor Jesucristo".
3. **Romper vínculos con nombres ancestrales, iniciales y símbolos** .
4. **Utilice Isaías 49:24–26, Colosenses 2:14 y 2 Corintios 5:17** para declarar la identidad en Cristo.
5. Si es necesario, **celebre una ceremonia de rededicación** : preséntese usted (o preséntese a sus hijos) a Dios nuevamente y declare nuevos nombres si es necesario.

SOLICITUD DE GRUPO

- Invite a los participantes a investigar la historia de sus nombres.

- Crear un espacio para un cambio de nombre espiritual si es necesario: permitir que las personas adopten nombres como "David", "Ester" o identidades guiadas por el espíritu.
- Dirija al grupo en un *rebautismo simbólico* de dedicación, no una inmersión en agua, sino una unción y un pacto basado en la palabra con Cristo.
- Pidan a los padres que rompan los pactos sobre sus hijos en oración: "Tú perteneces a Jesús; ningún espíritu, río o vínculo ancestral tiene base legal".

Visión clave

Tu comienzo importa. Pero no tiene por qué definir tu fin. Toda reclamación puede ser quebrantada por el río de la sangre de Jesús.

Diario de reflexión

- ¿Qué nombres o iniciales me dieron y qué significan?
- ¿Hubo rituales secretos o culturales que se realizaron en mi nacimiento y a los que debo renunciar?
- ¿He dedicado verdaderamente mi vida —mi cuerpo, alma, nombre e identidad— al Señor Jesucristo?

Oración de Redención

Padre Dios, vengo ante ti en el nombre de Jesús. Renuncio a todo pacto, dedicación y ritual realizado al nacer. Rechazo todo nombramiento, iniciación en el agua y reivindicación ancestral. Ya sea por iniciales, nombramiento o altares ocultos, cancelo todo derecho demoníaco sobre mi vida. Ahora declaro que soy completamente tuyo. Mi nombre está escrito en el Libro de la Vida. Mi pasado está cubierto por la sangre de Jesús y mi identidad está sellada por el Espíritu Santo. Amén.

DÍA 40: DE ENTREGADO A LIBERADOR — TU DOLOR ES TU ORDENACIÓN

"*Pero el pueblo que conoce a su Dios se esforzará y hará proezas.*" — Daniel 11:32

"*Entonces el Señor levantó jueces que los salvaron de las manos de estos saqueadores.*" — Jueces 2:16

No fuiste liberado para quedarte quieto en la iglesia.

No fuiste liberado solo para sobrevivir. Fuiste liberado **para liberar a otros**.

El mismo Jesús que sanó al endemoniado en Marcos 5 lo envió de vuelta a Decápolis para contar la historia. Sin seminario. Sin ordenación. Solo un **testimonio ardiente** y una boca encendida.

Eres ese hombre. Esa mujer. Esa familia. Esa nación.

El dolor que has soportado es ahora tu arma.

El tormento del que escapaste es tu trompeta. Lo que te mantenía en la oscuridad ahora se convierte en el **escenario de tu dominio.**

Historia real: De novia de marine a ministra de liberación

Rebecca, de Camerún, fue la exesposa de un espíritu marino. Fue iniciada a los 8 años durante una ceremonia costera de nombramiento. A los 16, tenía relaciones sexuales en sueños, controlaba a los hombres con la mirada y había provocado múltiples divorcios mediante la brujería. Era conocida como "la maldición de la belleza".

Cuando conoció el evangelio en la universidad, sus demonios se descontrolaron. Le tomó seis meses de ayuno, liberación y un profundo discipulado antes de ser libre.

Hoy, imparte conferencias de liberación para mujeres en toda África. Miles de ellas han sido liberadas gracias a su obediencia.

¿Qué hubiera pasado si ella hubiera permanecido en silencio?

Ascenso apostólico: están naciendo libertadores globales

- **En África**, los ex brujos ahora plantan iglesias.
- **En Asia**, los ex budistas predican a Cristo en casas secretas.
- **En América Latina**, los antiguos sacerdotes de la santería ahora rompen altares.
- **En Europa**, ex ocultistas dirigen estudios bíblicos expositivos en línea.
- **En América del Norte**, los sobrevivientes de los engaños de la nueva era están liderando Zooms de liberación semanalmente.

Ellos son **los improbables**, los rotos, los antiguos esclavos de la oscuridad que ahora marchan en la luz, y **tú eres uno de ellos**.

Plan de Acción Final – Asuma su Llamado

1. **Escribe tu testimonio**, aunque no te parezca dramático. Alguien necesita tu historia de libertad.
2. **Empieza con algo pequeño**: ora por un amigo. Organiza un estudio bíblico. Comparte tu proceso de liberación.
3. **Nunca dejes de aprender**: los libertadores permanecen en la Palabra, permanecen arrepentidos y permanecen alertas.
4. **Cubre a tu familia**: declara diariamente que la oscuridad termina contigo y tus hijos.
5. **Declara zonas de guerra espiritual**: tu lugar de trabajo, tu casa, tu calle. Sé el guardián.

Puesta en servicio en grupo
Hoy no es sólo una devoción: es una **ceremonia de encargo**.

- Ungios la cabeza unos a otros con aceite y decid:

Estás entregado para ser liberado. ¡Levántate, Juez de Dios!

- Declarar en voz alta como grupo:

Ya no somos supervivientes. Somos guerreros. Llevamos luz, y la oscuridad tiembla.

- Designe parejas de oración o compañeros de responsabilidad para seguir creciendo en audacia e impacto.

Visión clave
La mayor venganza contra el reino de las tinieblas no es solo la libertad. Es la multiplicación.

Diario de reflexión final

- ¿Cuál fue el momento en que supe que había pasado de la oscuridad a la luz?
- ¿Quién necesita escuchar mi historia?
- ¿Dónde puedo empezar a iluminar intencionalmente esta semana?
- ¿Estoy dispuesto a que se burlen de mí, a que me malinterpreten y a que me resistan, con tal de liberar a otros?

Oración de Encargo
Padre Dios, te agradezco por 40 días de fuego, libertad y verdad. No me salvaste solo para protegerme; me liberaste para liberar a otros. Hoy recibo este manto. Mi testimonio es una espada. Mis cicatrices son armas. Mis oraciones son martillos. Mi obediencia es adoración. Ahora camino en el nombre de Jesús: como un iniciador de fuego , un libertador, un portador de luz. Soy tuyo. La oscuridad no tiene cabida en mí ni a mi alrededor. Tomo mi lugar. En el nombre de Jesús. Amén.

DECLARACIÓN DIARIA DE 360° DE LIBERACIÓN Y DOMINIO – Parte 1

Ninguna arma forjada contra ti prosperará, y condenarás toda lengua que se levante contra ti en juicio. Esta es la herencia de los siervos del Señor... —Isaías 54:17

Hoy y cada día, tomo mi posición completa en Cristo: espíritu, alma y cuerpo.

Cierro toda puerta, conocida y desconocida, al reino de las tinieblas.

¡Rompo todo contacto, contrato, pacto o comunión con altares malignos, espíritus ancestrales, cónyuges espirituales, sociedades ocultas, brujería y alianzas demoníacas — por la sangre de Jesús!

Declaro que no estoy a la venta. No soy accesible. No soy reclutable. No estoy reiniciado.

Todo llamado satánico, vigilancia espiritual o invocación maligna, ¡sea dispersado por fuego, en el nombre de Jesús!

Me aferro a la mente de Cristo, a la voluntad del Padre y a la voz del Espíritu Santo.

Camino en la luz, en la verdad, en el poder, en la pureza y en el propósito.

Cerré cada tercer ojo, puerta psíquica y portal impío abierto a través de sueños, traumas, sexo, rituales, medios de comunicación o enseñanzas falsas.

Que el fuego de Dios consuma todo depósito ilegal en mi alma, en el nombre de Jesús.

Hablo al aire, la tierra, el mar, las estrellas y los cielos: no obrarán contra mí.

Todo altar oculto, agente, vigilante o demonio susurrante asignado contra mi vida, familia, llamado o territorio, ¡sea desarmado y silenciado por la sangre de Jesús!

Sumergí mi mente en la Palabra de Dios.

Declaré que mis sueños estaban santificados. Mis pensamientos estaban protegidos. Mi sueño era santo. Mi cuerpo era un templo de fuego.

De ahora en adelante, camino en una liberación de 360 grados: nada oculto, nada perdido.

Toda atadura persistente se rompe. Todo yugo generacional se hace añicos. Todo pecado no arrepentido queda expuesto y purificado.

Declaro:

- **La oscuridad no tiene dominio sobre mí.**
- **Mi casa es una zona de incendio.**
- **Mis puertas están selladas en gloria.**
- **Vivo en obediencia y camino en poder.**

Me levanto como libertador de mi generación.

No miraré atrás. No volveré atrás. Soy luz. Soy fuego. Soy libre. En el poderoso nombre de Jesús. ¡Amén!

DECLARACIÓN DIARIA DE 360° DE LIBERACIÓN Y DOMINIO – Parte 2

Protección contra brujería, hechicería, nigromantes, médiums y canales demoníacos.

Liberación para usted y para otros bajo su influencia o esclavitud

Limpieza y cobertura a través de la sangre de Jesús

Restauración de la solidez, la identidad y la libertad en Cristo

Protección y libertad de la brujería, los médiums, los nigromantes y la esclavitud espiritual

(por la sangre de Jesús y la palabra de nuestro testimonio)

"Y ellos lo han vencido por medio de la sangre del Cordero y de la palabra del testimonio de ellos..."

— *Apocalipsis 12:11*

"El Señor... frustra las señales de los falsos profetas y deja en ridículo a los adivinos... confirma la palabra de su siervo y cumple el consejo de sus mensajeros."

— *Isaías 44:25-26*

"El Espíritu del Señor está sobre mí... para proclamar libertad a los cautivos y liberación a los presos..."

— *Lucas 4:18*

ORACIÓN DE APERTURA:

Padre Dios, vengo hoy con valentía por la sangre de Jesús. Reconozco el poder de tu nombre y declaro que solo tú eres mi libertador y defensor. Me presento como tu siervo y testigo, y declaro tu Palabra con valentía y autoridad hoy.

DECLARACIONES DE PROTECCIÓN Y LIBERACIÓN

1. Liberación de la brujería, los médiums, los nigromantes y la influencia espiritual:

- Rompo y **renuncio** a toda maldición, hechizo, adivinación, encantamiento, manipulación, monitoreo, proyección astral o atadura del alma, ya sea dicha o realizada, a través de brujería, nigromancia, médiums o canales espirituales.
- Declaro que la **sangre de Jesús** es contra todo espíritu inmundo que busque atar, distraer, engañar o manipular a mí o a mi familia.
- Ordeno que **toda interferencia espiritual, posesión, opresión o esclavitud del alma** sea rota ahora por la autoridad en el nombre de Jesucristo.
- Declaro **liberación para mí y para toda persona que, consciente o inconscientemente, esté bajo la influencia de la brujería o la falsa luz**. ¡Sal ahora! ¡Sé libre, en el nombre de Jesús!
- Invoco el fuego de Dios para **quemar todo yugo espiritual, contrato satánico y altar** erigido en el espíritu para esclavizar o atrapar nuestros destinos.

"No hay agüero contra Jacob, ni adivinación contra Israel." — *Números 23:23*

2. Limpieza y protección de uno mismo, de los hijos y de la familia:

- Invoco la sangre de Jesús sobre mi **mente, alma, espíritu, cuerpo, emociones, familia, hijos y trabajo.**
- Yo declaro: Yo y mi casa estamos **sellados por el Espíritu Santo y escondidos con Cristo en Dios.**
- Ninguna arma forjada contra nosotros prosperará. Toda lengua que hable mal de nosotros será **juzgada y silenciada** en el nombre de Jesús.
- Renuncio y echo fuera todo **espíritu de temor, tormento, confusión, seducción o control**.

"Yo soy el SEÑOR, que deshago las señales de los mentirosos..." — *Isaías 44:25*

3. Restauración de la identidad, el propósito y la salud mental:

- Reclamo cada parte de mi alma e identidad que fue **intercambiada, atrapada o robada** a través del engaño o el compromiso espiritual.
- Declaro: tengo la **mente de Cristo** y camino en claridad, sabiduría y autoridad.
- Declaro: Estoy **libre de toda maldición generacional y brujería doméstica**, y camino en pacto con el Señor.

"Dios no me ha dado un espíritu de cobardía, sino de poder, de amor y de dominio propio." — *2 Timoteo 1:7*

4. Cobertura diaria y victoria en Cristo:

- Declaro: Hoy camino en **protección divina, discernimiento y paz**.
- La sangre de Jesús habla **mejores cosas** para mí: protección, sanidad, autoridad y libertad.
- Toda mala tarea que me fue encomendada hoy queda anulada. Camino en victoria y triunfo en Cristo Jesús.

"Caerán a mi lado mil, y diez mil a mi diestra; pero a mí no llegarán..." — *Salmo 91:7*

DECLARACIÓN FINAL Y TESTIMONIO:

"Venzo toda forma de oscuridad, brujería, nigromancia, hechicería, manipulación psíquica, manipulación del alma y transferencia espiritual maligna, no por mi fuerza, sino **por la sangre de Jesús y la Palabra de mi testimonio**".

Declaro: **Soy libre. Mi casa es libre.** Todo yugo oculto ha sido roto. Toda trampa ha sido expuesta. Toda luz falsa ha sido extinguida. Camino en libertad. Camino en la verdad. Camino en el poder del Espíritu Santo.

El Señor confirma la palabra de su siervo y cumple el consejo de su mensajero. Así será hoy y siempre de ahora en adelante.

En el poderoso nombre de Jesús, **Amén.**

REFERENCIAS ESCRITAS:

- Isaías 44:24-26
- Apocalipsis 12:11
- Isaías 54:17
- Salmo 91
- Números 23:23
- Lucas 4:18
- Efesios 6:10-18
- Colosenses 3:3
- 2 Timoteo 1:7

DECLARACIÓN DIARIA DE 360° DE LIBERACIÓN Y DOMINIO - Parte 3

"*El Señor es un hombre de guerra; el Señor es su nombre.*" — Éxodo 15:3

"*Y ellos lo han vencido por medio de la sangre del Cordero y de la palabra del testimonio de ellos...*" — Apocalipsis 12:11

Hoy me levanto y tomo mi lugar en Cristo, sentado en los lugares celestiales, muy por encima de todos los principados, poderes, tronos, dominios y de todo nombre que se nombra.

RENUNCIO

Renuncio a todo pacto, juramento o iniciación conocido o desconocido:

- Masonería (grados 1 al 33)
- La Cábala y el misticismo judío
- Estrella de Oriente y Rosacruces
- Órdenes jesuitas e Illuminati
- Hermandades satánicas y sectas luciferinas
- Espíritus marinos y pactos submarinos
- Serpientes Kundalini, alineaciones de chakras y activaciones del tercer ojo
- El engaño de la Nueva Era, el Reiki, el yoga cristiano y los viajes astrales
- Brujería, hechicería, nigromancia y contratos astrales
- Lazos ocultos del alma derivados del sexo, los rituales y los pactos secretos
- Juramentos masónicos sobre mi linaje y sacerdocios ancestrales

Corto todo cordón umbilical espiritual para:

- Altares de sangre antiguos

- Falso fuego profético
- Esposas espirituales e invasores de sueños
- Geometría sagrada, códigos de luz y doctrinas de leyes universales
- Falsos cristos, espíritus familiares y espíritus santos falsificados

Que la sangre de Jesús hable por mí. Que todo contrato sea roto. Que todo altar sea destrozado. Que toda identidad demoníaca sea borrada, ¡ahora!

YO DECLARO

Declaro:

- Mi cuerpo es un templo vivo del Espíritu Santo.
- Mi mente está protegida por el yelmo de la salvación.
- Mi alma es santificada diariamente por el lavamiento de la Palabra.
- Mi sangre es limpiada por el Calvario.
- Mis sueños están sellados en luz.
- Mi nombre está escrito en el Libro de la Vida del Cordero, ¡no en ningún registro, logia, bitácora, pergamino o sello ocultista!

YO MANDO

Yo ordeno:

- Todo agente de la oscuridad —vigilantes, monitores, proyectores astrales— debe ser cegado y dispersado.
- ¡Todo vínculo con el inframundo, el mundo marino y el plano astral, se romperá!
- ¡Toda marca oscura, implante, herida ritual o marca espiritual, sea purificada por el fuego!
- ¡Todo espíritu familiar que susurra mentiras, silencie ahora!

ME DESCONECTO

Me desvinculo de:

- Todas las líneas de tiempo demoníacas, prisiones del alma y jaulas espirituales.
- Todas las clasificaciones y grados de sociedades secretas

- Todos los mantos, tronos o coronas falsos que he llevado
- Toda identidad que no sea creada por Dios
- Toda alianza, amistad o relación potenciada por sistemas oscuros

YO ESTABLEZCO
Establezco:

- Un cortafuegos de gloria a mi alrededor y a mi hogar.
- Santos ángeles en cada puerta, portal, ventana y camino.
- Pureza en mis medios, música, recuerdos y mente.
- La verdad en mis amistades, ministerio, matrimonio y misión.
- Comunión ininterrumpida con el Espíritu Santo

ME ENVÍO
Me someto completamente a Jesucristo,
el Cordero que fue inmolado, el Rey que gobierna , el León que ruge.
Elijo la luz. Elijo la verdad. Elijo la obediencia.
No pertenezco a los reinos oscuros de este mundo.
Pertenezco al Reino de nuestro Dios y de su Cristo.

AVISO AL ENEMIGO
Por la presente declaración, doy aviso a:

- Todo principado de alto rango
- Todo espíritu gobernante sobre ciudades, linajes y naciones.
- Todo viajero astral, bruja, brujo o estrella caída…

Soy propiedad intocable.

Mi nombre no figura en tus archivos. Mi alma no está a la venta. Mis sueños están bajo control. Mi cuerpo no es tu templo. Mi futuro no es tu patio de recreo. No volveré a la esclavitud. No repetiré ciclos ancestrales. No portaré fuego extraño. No seré un lugar de descanso para serpientes.

YO SELLO
Sello esta declaración con:

- La sangre de Jesús
- El fuego del Espíritu Santo
- La autoridad de la Palabra
- La unidad del Cuerpo de Cristo
- El sonido de mi testimonio

En el nombre de Jesús, Amén y Amén.

CONCLUSIÓN: DE LA SUPERVIVENCIA A LA FILIACIÓN: MANTENERSE LIBRE, VIVIR LIBRE, LIBERAR A LOS DEMÁS

"*Estad, pues, firmes en la libertad con que Cristo nos hizo libres, y no estéis otra vez sujetos al yugo de la esclavitud.*" — Gálatas 5:1

"*Los sacó de las tinieblas y de la sombra de muerte, y rompió sus cadenas.*" — Salmo 107:14

Estos 40 días nunca se trataron solo de conocimiento. Se trataron de **guerra**, **despertar** y **caminar en dominio**.

Has visto cómo opera el reino oscuro: sutilmente, generacionalmente, a veces abiertamente. Has atravesado puertas ancestrales, reinos oníricos, pactos ocultistas, rituales globales y tormento espiritual. Has encontrado testimonios de dolor inimaginable, pero también de **liberación radical**. Has roto altares, renunciado a mentiras y confrontado cosas que muchos púlpitos temen nombrar.

PERO ESTE NO ES EL FINAL.

Ahora comienza el verdadero viaje: **Mantener tu libertad. Vivir en el Espíritu. Enseñar a otros la salida.**

Es fácil pasar 40 días en el fuego y regresar a Egipto. Es fácil derribar altares solo para reconstruirlos en la soledad, la lujuria o la fatiga espiritual.

No.

Ya no eres **esclavo de los ciclos**. Eres un **centinela** en la muralla. Un **guardián** de tu familia. Un **guerrero** de tu ciudad. Una **voz** para las naciones.

7 CARGOS FINALES PARA AQUELLOS QUE CAMINARÁN EN DOMINIO

1. **Protege tus puertas.**
   No vuelvas a abrir las puertas espirituales por medio de la

transigencia, la rebelión, las relaciones o la curiosidad.
«*No den cabida al diablo*». — Efesios 4:27

2. **Controla tu apetito.**
   El ayuno debería formar parte de tu rutina mensual. Realinea el alma y mantiene la carne bajo control.

3. **Comprométete con la pureza**
   emocional, sexual, verbal y visual. La impureza es la principal puerta que usan los demonios para volver a entrar.

4. **Domina la Palabra**
   . La Escritura no es opcional. Es tu espada, tu escudo y tu pan de cada día. «*Que la palabra de Cristo more en abundancia en vosotros...*» (Col. 3:16)

5. **Encuentra tu tribu.**
   La liberación nunca fue para recorrerla en solitario. Construye, sirve y sana en una comunidad llena del Espíritu.

6. **Acepta el sufrimiento**
   . Sí, el sufrimiento. No todo tormento es demoníaco. Algunos son santificadores. Súbelo. La gloria está por delante.
   «*Después de que hayan sufrido un poco de tiempo... Él los fortalecerá, los afirmará y los establecerá*». — 1 Pedro 5:10

7. **Enseña a otros.**
   De gracia recibiste, ahora da de gracia. Ayuda a otros a ser libres. Empieza por tu hogar, tu círculo, tu iglesia.

DE ENTREGADO A DISCÍPULO

Este devocional es un clamor mundial: no sólo por sanación sino por el surgimiento de un ejército.

Es **tiempo de pastores** que huelen la guerra.

Es **tiempo de profetas** que no se inmuten ante las serpientes.

Es **tiempo de madres y padres** que rompan pactos generacionales y construyan altares de verdad.

Es **tiempo de que las naciones** sean advertidas y de que la Iglesia ya no guarde silencio.

TÚ ERES LA DIFERENCIA

Adónde vas desde aquí importa. Lo que llevas contigo importa. La oscuridad de la que te sacaron es el mismo territorio sobre el que ahora tienes autoridad.

La liberación fue tu derecho de nacimiento. El dominio es tu manto.

Ahora camina en él.

ORACIÓN FINAL

Señor Jesús, gracias por acompañarme estos 40 días. Gracias por exponer la oscuridad, romper las cadenas y llamarme a un lugar más alto. Me niego a retroceder. Rompo todo pacto con el miedo, la duda y el fracaso. Recibo mi misión en el reino con valentía. Úsame para liberar a otros. Lléname del Espíritu Santo cada día. Que mi vida se convierta en un arma de luz: en mi familia, en mi nación, en el Cuerpo de Cristo. No callaré. No seré derrotado. No me rendiré. Camino de la oscuridad al dominio. Para siempre. En el nombre de Jesús. Amén.

Cómo nacer de nuevo y comenzar una nueva vida con Cristo

Quizás ya hayas caminado con Jesús, o quizás lo hayas conocido recientemente durante estos 40 días. Pero ahora mismo, algo dentro de ti se está agitando.

Estás listo para algo más que la religión.

Estás listo para **una relación**.

Estás listo para decir: «Jesús, te necesito».

Aquí está la verdad:

"Porque todos pecaron; todos estamos lejos de alcanzar la gloria de Dios… sin embargo, Dios, en su gracia, nos hace justos ante sus ojos."

— Romanos 3:23-24 (NTV)

No puedes ganarte la salvación.

No puedes arreglarte solo. Pero Jesús ya pagó el precio completo y te espera para darte la bienvenida a casa.

Cómo nacer de nuevo

NACER DE NUEVO SIGNIFICA entregar tu vida a Jesús: aceptar su perdón, creer que Él murió y resucitó y recibirlo como tu Señor y Salvador.

Es simple. Es poderoso. Lo cambia todo.

Oremos esto en voz alta:

SEÑOR JESÚS, CREO QUE eres el Hijo de Dios.

Creo que moriste por mis pecados y resucitaste.

Confieso que he pecado y necesito tu perdón.

Hoy me arrepiento y me aparto de mis viejas costumbres.

Te invito a mi vida para que seas mi Señor y Salvador.

Lávame y límpiame. Lléname con tu Espíritu.

**Declaro que he nacido de nuevo, soy perdonado y libre.
De hoy en adelante, te seguiré
y seguiré tus pasos.
Gracias por salvarme. En el nombre de Jesús, amén.**

Próximos pasos después de la salvación

1. **Cuéntaselo a alguien** : comparte tu decisión con un creyente en quien confíes.
2. **Encuentra una iglesia bíblica** : Únete a una comunidad que enseña la Palabra de Dios y la vive. Visita el Ministerio Águila de Dios en línea a través de https://www.otakada.org [1] o https://chat.whatsapp.com/H67spSun32DDTma8TLh0ov
3. **Bautízate** : da el siguiente paso para declarar públicamente tu fe.
4. **Lea la Biblia diariamente** : comience con el Evangelio de Juan.
5. **Ora todos los días** – Habla con Dios como amigo y Padre.
6. **Mantente conectado** : rodéate de personas que alienten tu nueva forma de caminar.
7. **Inicie un proceso de discipulado dentro de la comunidad** : desarrolle una relación personal con Jesucristo a través de estos enlaces

Discipulado de 40 días 1 - https://www.otakada.org/obtenga-un-curso-gratuito-de-discipulado-en-linea-de-40-dias-en-un-viaje-con-jesus/[2]

40 días de discipulado 2 - https://www.otakada.org/obtén-gratis-40-días-de-adn-de-discipulado-viaje-con-jesus-serie-2/[3]

---

1. https://www.otakada.org

2. https://www.otakada.org/get-free-40-days-online-discipleship-course-in-a-journey-with-jesus/

3. https://www.otakada.org/get-free-40-days-dna-of-discipleship-journey-with-jesus-series-2/

Mi momento de salvación

Fecha: _____
Firma: _____

"*Si alguno está en Cristo, es una nueva creación; las cosas viejas pasaron; he aquí todas son hechas nuevas.*"
— 2 Corintios 5:17

Certificado de Nueva Vida en Cristo

Declaración de Salvación – Nacer de Nuevo por Gracia

E sto certifica que

_____

(NOMBRE COMPLETO)

ha declarado públicamente **su fe en Jesucristo**

como Señor y Salvador y ha recibido el don gratuito de la salvación a través de Su muerte y resurrección.

"Si declaras abiertamente que Jesús es el Señor y crees en tu corazón que Dios lo levantó de entre los muertos, serás salvo."

— Romanos 10:9 (NTV)

En este día, el cielo se alegra y comienza un nuevo viaje.

Fecha de la decisión : _____

Firma : _____

Declaración de Salvación

HOY ENTREGO MI VIDA a Jesucristo.

Creo que murió por mis pecados y resucitó. Lo recibo como mi Señor y Salvador. Soy perdonado, nacido de nuevo y hecho nuevo. De ahora en adelante, seguiré sus pasos.

¡Bienvenido a la Familia de Dios!

TU NOMBRE ESTÁ ESCRITO en el Libro de la Vida del Cordero.

Tu historia apenas comienza, y es eterna.

CONÉCTATE CON LOS MINISTERIOS ÁGUILA DE DIOS

- Sitio web: www.otakada.org[1]
- Serie Riqueza Más Allá de las Preocupaciones: www.wealthbeyondworryseries.com[2]
- Correo electrónico: ambassador@otakada.org

- **Apoya este trabajo:**

Apoye proyectos del reino, misiones y recursos globales gratuitos a través de donaciones basadas en el pacto.
Escanee el código QR para donar
https://tithe.ly/give?c=308311
Su generosidad nos ayuda a alcanzar más almas, traducir recursos, apoyar a los misioneros y construir sistemas de discipulado a nivel mundial. ¡Gracias!

---

1. https://www.otakada.org
2. https://www.wealthbeyondworryseries.com

3. ÚNETE A NUESTRA comunidad de WhatsApp Covenant

Reciba actualizaciones, contenido devocional y conéctese con creyentes de mentalidad de pacto en todo el mundo.

Escanee para unirse

https://chat.whatsapp.com/H67spSun32DDTma8TLh0oy

LIBROS Y RECURSOS RECOMENDADOS

- *Liberado del Poder de las Tinieblas* (**Libro de bolsillo**) — Comprar aquí [1] | Ebook [2] en Amazon [3]

- **Reseñas principales de Estados Unidos:**
    - **Cliente Kindle** : "¡La mejor lectura cristiana jamás escrita!" (5 estrellas)

---

1. https://shop.ingramspark.com/b/084?params=oeYbAkVTC5ao8PfdVdzwko7wi6IQimgJY2779NaqG4e
2. https://www.amazon.com/Delivered-Power-Darkness-AFRICAN-DELIVERED-ebook/dp/B0CC5MM4MV
3. https://www.amazon.com/Delivered-Power-Darkness-AFRICAN-DELIVERED-ebook/dp/B0CC5MM4MV

ALABADO SEA JESÚS POR este testimonio. He sido muy bendecido y recomiendo a todos que lean este libro... Porque la paga del pecado es muerte, pero la dádiva de Dios es vida eterna. ¡Shalom! ¡Shalom!

- **Da Gster** : «Este es un libro muy interesante y bastante extraño». (5 estrellas)

Si lo que se dice en el libro es cierto, entonces realmente estamos muy por detrás de lo que el enemigo es capaz de hacer. ... Una lectura imprescindible para cualquiera que quiera aprender sobre la guerra espiritual.

- **Visa** : "Me encanta este libro" (5 estrellas)

Esto me abrió los ojos... una confesión sincera... Últimamente lo he estado buscando por todas partes para comprarlo. Me alegro mucho de haberlo conseguido en Amazon.

- **FrankJM** : "Bastante diferente" (4 estrellas)

Este libro me recuerda lo real que es la guerra espiritual. También me recuerda la razón para ponernos la "Armadura Completa de Dios".

- **JenJen** : "¡Quien quiera ir al cielo, lea esto!" (5 estrellas)

Este libro cambió mi vida por completo. Junto con el testimonio de John Ramírez, te hará ver tu fe de otra manera. ¡Lo he leído seis veces!

- *Ex-Satanista: El Intercambio de James* (Libro de bolsillo) — Comprar aquí [4] | Ebook [5] en Amazon [6]

---

4. https://shop.ingramspark.com/b/ 084?params=I2HNGtbqJRbal8OxU3RMTApQsLLxcUCTC8zUdzDy0W1

5. https://www.amazon.com/JAMESES-Exchange-Testimony-High-Ranking-Encounters-ebook/dp/B0DJP14JLH

6. https://www.amazon.com/JAMESES-Exchange-Testimony-High-Ranking-Encounters-ebook/dp/B0DJP14JLH

- **TESTIMONIO DE UN EXSATANISTA AFRICANO** - *Pastor JONAS LUKUNTU MPALA* (Libro de bolsillo) — Comprar aquí [7]| Ebook [8]en Amazon[9]

- *Grandes hazañas 14* (Libro de bolsillo) — Comprar aquí [10]| Ebook [11]en Amazon[12]

---

7. https://shop.ingramspark.com/b/
   084?params=0Aj9Sze4cYoLM5OqWrD20kgknXQQqO5AZYXcWtoMqWN
8. https://www.amazon.com/TESTIMONY-African-EX-SATANIST-Pastor-Jonas-ebook/dp/
   B0DJDLFKNR
9. https://www.amazon.com/TESTIMONY-African-EX-SATANIST-Pastor-Jonas-ebook/dp/
   B0DJDLFKNR
10. https://shop.ingramspark.com/b/084?params=772LXinQn9nCWcgq572PDsqPjkTJmpgSqrp88b0qzKb
11. https://www.amazon.com/Greater-Exploits-MYSTERIOUS-Strategies-Countermeasures-ebook/dp/
    B0CGHYPZ8V
12. https://www.amazon.com/Greater-Exploits-MYSTERIOUS-Strategies-Countermeasures-ebook/dp/
    B0CGHYPZ8V

- *Fuera del caldero del diablo* de John Ramirez — Disponible en Amazon[13]
- *Él vino a liberar a los cautivos* de Rebecca Brown — Encuéntralo en Amazon[14]

Otros libros publicados por el autor – Más de 500 títulos
Amado, Elegido y Completo : Un viaje de 30 días desde el rechazo a **la restauración** traducido a 40 idiomas del mundo
https://www.amazon.com/Amado-Elegido-Rechazo-Restauración-ebook/dp/B0F9VSD8WL[15]
https://shop.ingramspark.com/b/
084?params=xga0WR16muFUwCoeMUBHQ6HwYjddLGpugQHb3DVa5hE

---

13. https://www.amazon.com/Out-Devils-Cauldron-John-Ramirez/dp/0985604306

14. https://www.amazon.com/He-Came-Set-Captives-Free/dp/0883683239

15. https://www.amazon.com/Loved-Chosen-Whole-Rejection-Restoration-ebook/dp/B0F9VSD8WL

En Sus Pasos: Un reto de 40 días para saber qué hacer con Jesús: Vivir como Jesús en historias reales alrededor del mundo

https://www.amazon.com/Sus-Pasos-Desafío-Historias-De-La-Vida-Real-ebook/dp/B0FCYTL5MG

https://shop.ingramspark.com/b/084?params=DuNTWS59IbkvSKtGFbCbEFdv3Zg0FaITUEvlK49yLzB

---

16. https://www.amazon.com/His-Steps-Challenge-Real-Life-Stories-ebook/dp/B0FCYTL5MG

JESÚS A LA PUERTA:
40 historias desgarradoras y la advertencia final del Cielo para las iglesias de HOY

https://www.amazon.com/dp/B0FDX31L9F

https://shop.ingramspark.com/b/084?params=TpdA5j8WPvw83glJ12N1B3nf8LQte2a1lIEy32bHcGg

VIDA DE PACTO: 40 DÍAS Caminando en la Bendición de Deuteronomio 28

- https://www.amazon.com/dp/B0FFJCLDB5

Historias de personas reales, obediencia real y realidad
https://shop.ingramspark.com/b/084?params=bH3pzfz1zdCOLpbs7tZYJNYgGcYfU32VMz3J3a4e2Qt

Transformación en más de 20 idiomas

CONOCIENDOLA Y CONOCIENDOLO:
40 días para la sanación, la comprensión y el amor duradero

HTTPS://WWW.AMAZON.com/CONOCIENDO-A-EL-Sanando-Entendiendo-ebook/dp/B0FGC4V3D9[17]

https://shop.ingramspark.com/b/084?params=vC6KCLoI7Nnum24BVmBtSme9i6k59p3oynaZOY4B9Rd

COMPLETAR, NO COMPETIR:
Un viaje de 40 días hacia el propósito, la unidad y la colaboración

---

17. https://www.amazon.com/KNOWING-HER-HIM-Healing-Understanding-ebook/dp/B0FGC4V3D9

HTTPS://SHOP.INGRAMSPARK.com/b/084?params=5E4v1tHgeTqOOuEtfTYUzZDzLyXLee30cqYo0Ov9941[18]

https://www.amazon.com/COMPLETE-NOT-COMPETE-Journey-Collaboration-ebook/dp/B0FGGL1XSQ/

CÓDIGO DE SALUD DIVINA - 40 Claves Diarias para Activar la Sanación a través de la Palabra de Dios y la Creación. Desbloquea el Poder Sanador de las Plantas, la Oración y la Acción Profética.

---

18. https://shop.ingramspark.com/b/084?params=5E4v1tHgeTqOOuEtfTYUzZDzLyXLee30cqYo0Ov9941

https://shop.ingramspark.com/b/084?params=xkZMrYcEHnrJDhe1wuHHYixZDViiArCeJ6PbNMTbTux

https://www.amazon.com/dp/B0FHJT42TK

SE PUEDEN ENCONTRAR otros libros en la página del autor
https://www.amazon.com/stores/Ambassador-Monday-O.-Ogbe/author/B07MSBPFNX

APÉNDICE (1-6): RECURSOS PARA MANTENER LA LIBERTAD Y UNA LIBERACIÓN MÁS PROFUNDA

APÉNDICE 1: Oración para discernir brujería oculta, prácticas ocultas o altares extraños en la iglesia

Hijo de hombre, ¿ves lo que hacen en la oscuridad...? — Ezequiel 8:12
«Y no participéis en las obras infructuosas de las tinieblas, sino más bien reprendedlas.» — Efesios 5:11

Oración por discernimiento y exposición:

Señor Jesús, abre mis ojos para ver lo que Tú ves. Que todo fuego extraño, todo altar secreto, toda operación ocultista que se esconde tras púlpitos, bancas o prácticas sea expuesta. Quita los velos. Revela la idolatría disfrazada de adoración, la manipulación disfrazada de profecía y la perversión disfrazada de gracia. Purifica mi asamblea local. Si formo parte de una comunidad comprometida, guíame a un lugar seguro. Levanta altares puros. Manos limpias. Corazones santos. En el nombre de Jesús. Amén.

APÉNDICE 2: Protocolo de Renuncia y Limpieza de los Medios

"*No pondré cosa injusta delante de mis ojos...*" — Salmo 101:3
Pasos para limpiar tu vida mediática:

1. **Audita** todo: películas, música, juegos, libros, plataformas.
2. **Pregunta:** ¿Glorifica esto a Dios? ¿Abre puertas a la oscuridad (p. ej., terror, lujuria, brujería, violencia o temas de la nueva era)?
3. **Renunciar** :

Renuncio a todo portal demoníaco abierto a través de medios impíos. Desconecto mi alma de todo vínculo con celebridades, creadores, personajes e historias impulsadas por el enemigo.

1. **Eliminar y destruir** : elimina contenido física y digitalmente.
2. **Reemplácelo** con alternativas piadosas: adoración, enseñanzas, testimonios, películas saludables.

APÉNDICE 3: Francmasonería, Cábala, Kundalini, Brujería, Guión de Renuncia Oculta

"*No tengan nada que ver con las obras infructuosas de las tinieblas...*" — Efesios 5:11

Di en voz alta:

En el nombre de Jesucristo, renuncio a todo juramento, ritual, símbolo e iniciación en cualquier sociedad secreta u orden oculta, consciente o inconscientemente. Rechazo todo vínculo con:

- **Masonería** – Todos los grados, símbolos, juramentos de sangre, maldiciones e idolatría.
- **Cábala** – Misticismo judío, lecturas del Zohar, invocaciones al árbol de la vida o magia angelical.
- **Kundalini** – Apertura del tercer ojo, despertares de yoga, fuego de serpiente y alineaciones de chakras.
- **Brujería y Nueva Era** : Astrología, tarot, cristales, rituales lunares, viajes del alma, reiki, magia blanca o negra.
- **Rosacruces** , Illuminati, Skull & Bones, Juramentos Jesuitas, Órdenes Druidas, Satanismo, Espiritismo, Santería, Vudú, Wicca, Thelema, Gnosticismo, Misterios Egipcios, Ritos Babilónicos.

Anulo todo pacto hecho en mi nombre. Corto todo vínculo de mi linaje, en mis sueños o a través de los lazos del alma. Entrego todo mi ser al Señor Jesucristo: espíritu, alma y cuerpo. Que todo portal demoníaco sea cerrado para siempre por la sangre del Cordero. Que mi nombre sea limpiado de todo registro oscuro. Amén.

APÉNDICE 4: Guía de activación del aceite de unción

¿Está alguno entre ustedes afligido? Que ore. ¿Está alguno enfermo entre ustedes? Que llamen a los ancianos... ungiéndolo con aceite en el nombre del Señor. — Santiago 5:13-14

Cómo utilizar el aceite de unción para liberación y dominio:

- **Frente** : Renovando la mente.
- **Oídos** : Discernir la voz de Dios.
- **Vientre** : Limpia la sede de las emociones y del espíritu.
- **Pies** : Caminando hacia el destino divino.
- **Puertas/Ventanas** : Cerrar puertas espirituales y limpiar hogares.

Declaración durante la unción:

«Santifico este espacio y este vaso con el aceite del Espíritu Santo. Ningún demonio tiene acceso legal aquí. Que la gloria del Señor more en este lugar».

APÉNDICE 5: Renuncia al Tercer Ojo y a la Visión Sobrenatural de Fuentes Ocultas

Di en voz alta:

En el nombre de Jesucristo, renuncio a toda apertura de mi tercer ojo, ya sea por trauma, yoga, viajes astrales, psicodélicos o manipulación espiritual. Te pido, Señor, que cierres todos los portales ilegales y los selle con la sangre de Jesús. Libero toda visión, intuición o habilidad sobrenatural que no provenga del Espíritu Santo. Que todo observador demoníaco, proyector astral o entidad que me vigile sea cegado y atado, en el nombre de Jesús. Elijo la pureza sobre el poder, la intimidad sobre la intuición. Amén.

APÉNDICE 6: Recursos en video con testimonios para el crecimiento espiritual

1) comienza desde 1,5 minutos - https://www.youtube.com/watch?v=CbFRdraValc

2) https://youtu.be/b6WBHAcwN0k?si=ZUPHzhDVnn1PPIEG
3) https://youtu.be/XvcqdbEIO1M?si=GBlXg-cO-7f09cR[1]
4) https://youtu.be/jSm4r5oEKjE?si=1Z0CPgA33S0Mfvyt
5) https://youtu.be/B2VYQ2-5CQ8?si=9MPNQuA2f2rNtNMH
6) https://youtu.be/MxY2gJzYO-U?si=tr6EMQ6kcKyjkYRs
7) https://youtu.be/ZW0dJAsfJD8?si=Dz0b44I53W_Fz73A
8) https://youtu.be/q6_xMzsj_WA?si=ZTotYKo6Xax9nCWK
9) https://youtu.be/c2ioRBNriG8?si=JDwXwxhe3jZlej1U
10) https://youtu.be/8PqGMMtbAyo?si=UqK_S_hiyJ7rEGz1
11) https://youtu.be/rJXu4RkqvHQ?si=yaRAA_6KIxjm0eOX
12) https://youtu.be/nS_Insp7i_Y?si=ASKLVs6iYdZToLKH
13) https://youtu.be/-EU83j_eXac?si=-jG4StQOw7S0aNaL
14) https://youtu.be/_r4Jyzs2EDk?si=tldAtKOB_3-J_j_C
15) https://youtu.be/KiiUPLaV7xQ?si=I4x7aVmbgbrtXF_S
16) https://youtu.be/68m037cPEu0?si=XpuyyEzGfK1qWYRt
17) https://youtu.be/z4zlp9_aRQg?si=DR3lDYTt632E96a6
18) https://youtube.com/shorts/H_90n-QZU5Q?si=uLPScVXm81DqU6ds

---

1. https://youtu.be/XvcqdbEIO1M?si=GBlXg-c-O-7f09cR

ADVERTENCIA FINAL: No puedes jugar con esto

La liberación no es entretenimiento. Es guerra.
La renuncia sin arrepentimiento es solo ruido. La curiosidad no es lo mismo que la vocación. Hay cosas de las que no te recuperas a la ligera.
Así que calcula el costo. Camina con pureza. Protege tus puertas.
Porque los demonios no respetan el ruido, solo la autoridad.

www.ingramcontent.com/pod-product-compliance
Lightning Source LLC
Chambersburg PA
CBHW050340010526
44119CB00049B/625